Hansjoachim Popplow

Neubrandenburg im Aufbruch

Die 1950er- und 1960er-Jahre

Auswahl und Texte: Frank Wilhelm

Vorwort

Es gibt glückliche Momente im Leben, die einem oft lange im Gedächtnis bleiben. Ich kann mich noch gut daran erinnern, wie mir Eleonore Wolf Anfang 2022 einen Teil des Bestandes von Hansjoachim Popplow (1923–1999) im Stadtarchiv zeigte. Eine Kiste mit Hunderten Schwarz-Weiß-Bildern, eine weitere mit Farbfotos aus den 1950er- und 1960er-Jahren Neubrandenburgs. Ich ahnte sofort, was für ein Schatz vor mir lag: Hunderte Fotos, die viele Facetten der Jahre des Aufbruchs nach dem für die Viertorestadt so verheerenden Krieg zeigen: Enttrümmerung und Wiederaufbau, Kultur und Sport, Schule und Kindergärten, Betriebe und Landwirtschaft. Meist hat Popplow die Menschen in den Mittelpunkt seiner Bilder gerückt, zeigt sie bei der Arbeit, bei Feiern, Sport und Unterricht.

Eine solch geschlossene Sammlung eines Fotografen, der die Bilder akribisch nach Orten und teils nach Jahren katalogisiert hat, ist ein Glücksfall für ein Archiv. Aber natürlich auch für den Herausgeber eines Bildbandes, zumal die meisten Fotos noch unveröffentlicht waren. Der Bestand Popplows, der fast vier Jahrzehnte als Lehrer arbeitete, wurde nach seinem Tod von seinem Sohn Gerd Popplow bewahrt, der Anfang 2022 viel zu früh verstarb. Bereits einige Jahre zuvor hatte er die Sammlung seines Vaters in die Hände des Stadtarchivs übergeben.

Dass dieser Bildband jetzt vor Ihnen liegt, ist insbesondere der unkomplizierten Zustimmung der Töchter von Hansjoachim Popplow, Gudrun Göde und Sabine Popplow, zu verdanken. Sie unterstützten uns auch mit weiteren Dokumenten und Fotos über ihren Vater. Dank gebührt erneut Eleonore Wolf, Andrea Kietzmann und Ulrike Müller, den Mitarbeiterinnen des Stadtarchivs, die jede meiner vielen Fragen geduldig beantworteten. Was offenblieb, füllte Manfred Smolinski, ein „alter“ Neubrandenburger, Historiker und Mühlen-Experte, mit seinem Wissen aus. Ein Dankeschön gilt auch meiner Frau Kerstin, die zum Glück seit Jahren schon am Stil meiner Manuskripte feilt.

Für mich als jemanden, der Neubrandenburg erst seit Mitte der 1990er-Jahre intensiver kennengelernt hat, war es spannend, die widerspruchsvollen Wege der Stadt nach 1945 nachzuvollziehen. Ich hoffe, Sie entdecken in diesem Band ebenfalls viel Neues.

Frank Wilhelm

Inhalt

Hansjoachim Popplow mit seiner Ehefrau Ingelore Anfang der 1950er-Jahre

Kapitel 1

Ein Biologielehrer aus Neubrandenburg mit einer Leidenschaft fürs Fotografieren

Der fotografische Nachlass von Hansjoachim Popplow zeigt, dass er ohne Zweifel ein Chronist der Aufbaujahre nach dem Zweiten Weltkrieg war.

Wäre der Zweite Weltkrieg nicht gewesen, wäre Hansjoachim Popplow (1923-1999) wohl Arzt geworden. 1942 hatte der im pommerschen Schurow geborene Junge sein Abitur in Schlawe (Hinterpommern) absolviert. Er begann ein Medizinstudium an der Universität in Danzig, schaffte aber nur ein Semester, da den 19-Jährigen der Kriegsdienst einholte. „Im Oktober 1942 wurde ich Soldat und war als Rekrut bei der Flak in Belgard und Stettin und Sanitätsschüler in Halle-Dölau", wie Popplow in einem 1998 verfassten, handschriftlichen Lebenslauf festhielt. Als er 1943 in eine Sanitätskompanie an die Ostfront in die Nähe von Rostow am Don versetzt wurde, dürfte er das ganze Leid im Zuge des Rückzugs der Wehrmacht erlebt haben. „Ich habe direkt hinter den Linien im Hauptverbandsplatz gearbeitet und dabei den Rückmarsch von der Ukraine über Rumänien bis Ungarn mitgemacht", schrieb er. Ende 1944 wurde ihm ein „Studienurlaub" gewährt. Er wurde dann aber in Küstrin an der Oder zum Artilleristen ausgebildet und anschließend zum Offizierslehrgang nach Groß Born (Westpommern) delegiert. Hatte der junge Hansjoachim Popplow damals noch an den Endsieg geglaubt? Oder war ihm klar, dass Deutschland angesichts der Wucht der sowjetischen Offensive im Osten und des Vormarschs der Engländer und Amerikaner im Westen den Krieg längst verloren hatte? Wie er darüber dachte, ist aus seinem selbst verfassten Lebenslauf nicht ablesbar. Sachlich schildert er sein persönliches Kriegsende: „Da der Russe im Winter 1945 bald die Weichsel überschritt, gelangten wir am Pommernwall zum Einsatz. Am 5. 3. 1945 geriet ich bei Tarnow, Kreis Regenwalde, in sowjetische Kriegsgefangenschaft, wurde mit vielen anderen bis in die Nähe von Moskau in ein Lager transportiert, musste in einer Ziegelei arbeiten und wurde im Herbst 1946 entkräftet (ich wog kaum einen Zentner) in Frankfurt/Oder entlassen."

Von einem Quarantänelager in Saßnitz aus bewarb er sich bei mehreren Krankenhäusern in Mecklenburg um eine Arbeit. Aus Neubrandenburg bekam er eine Zusage, gegen „Unterkunft, Verpflegung und geringe Bezahlung". Doch der junge Mann wollte sein Medizinstudium fortsetzen, bewarb sich zwei Jahre lang an verschiedenen Universitäten im Osten und Westen Deutschlands. Ohne Erfolg. „Überall nur Absagen, hatte wohl nicht genügend proletarische Anamnese."

Popplow entschied sich für das Lehrerstudium. Junge Pädagogen wurden dringend gebraucht in der DDR, die Ausbildung daher beschleunigt. Während der Ausbildung am Institut für Lehrerbildung in Güstrow lernte er seine Frau Ingelore kennen, die ebenfalls dort studierte. Geboren 1931 stammte sie aus Groß Schönfeld in Pommern. 1935 war sie mit ihren Eltern nach Stettin gezogen. Ahlbeck bei Ueckermünde (1943), Güstrow (1945), Schwerin und erneut Ahlbeck lauteten die Stationen ihrer Kriegs- und Nachkriegsodyssee.

Zwei der Kameras, mit denen Popplow auch in Neubrandenburg unterwegs war. Seine Tochter hat elf alte Apparate aufbewahrt.

Hansjoachim Popplow an einem seiner ersten Unterrichtstage. In Neubrandenburg unterrichtete er unter anderem an der Polytechnischen Oberschule 1 sowie an der Erweiterten Oberschule (EOS).

Hansjoachim Popplow entwickelte die meisten seiner Filme selbst. Hier sein Vergrößerungsapparat im Labor in der POS 1.

1950 arbeitete Hansjoachim Popplow als Lehramtsanwärter an der 1. Grundschule in Neubrandenburg. 1951 heiratete das Paar zwei Tage vor Heiligabend in der Viertorestadt. Ingelore Popplow unterrichtete fortan als Grundschullehrerin Generationen von Kindern. Hansjoachim Popplow absolvierte ein Fernstudium Biologie und war vorrangig in den höheren Klassen tätig. In einem der in den 1950er-Jahren neu gebauten Häuser in der Eulenstraße bezog die Familie eine Wohnung. Die Kinder Gerd (1953), Gudrun (1955) und Sabine (1961) wurden geboren.

Seit 1955 arbeitete er in der neu eingeweihten Polytechnischen Oberschule (POS) 1 in der Demminer Straße, dem heutigen Albert-Einstein-Gymnasium (AEG). Es war der erste Schulneubau der Stadt nach dem Krieg. 1988 ging Popplow in den Ruhestand. „Meine Arbeit kann nicht schlecht gewesen sein, denn ich war nicht Mitglied der SED und habe es trotzdem über die Beförderungen zu Oberlehrer und Studienrat bis zum Oberstudienrat aufgrund meiner Leistungen gebracht", notiert er selbst in seinem Lebenslauf. 1992 zogen Ingelore und Hansjoachim Popplow zu ihrer Tochter Gudrun Göde nach Rostock.

Seine Leidenschaft fürs Fotografieren erwähnt er in dem handschriftlichen Lebenslauf nicht. Dabei hätte er allen Grund dazu gehabt. Denn der im Neubrandenburger Stadtarchiv lagernde Bestand beeindruckt mit mehr als 3500 Schwarz-Weiß-Bildern und weiteren Hunderten Farbfotos nicht allein durch seine Quantität, sondern insbesondere auch durch seine Vielfalt und seine Qualität. Popplow hat nicht nur wie andere Fotografen die Enttrümmerung sowie den Wieder- und Neuaufbau festgehalten. Er hat auch viele Facetten des Alltags in Neubrandenburg sowie in den umliegenden Dörfern und Kleinstädten der Mecklenburgischen Seenplatte dokumentiert: Die Arbeit in den Betrieben und der Landwirtschaft, den Unterricht und die Freizeitgestaltung in den Schulen, die Betreuung in den Kinderkrippen und -gärten, das Wiederaufleben der Kultur in Form von Folkloregruppen sowie Musik- und Theateraufführungen.

Hansjoachim Popplow war offensichtlich auch ein sportbegeisterter Zeitgenosse. Wir haben ihm nicht nur eine beeindruckende Serie von Bildern der DDR-Radrundfahrt 1951 zu verdanken, die durch die Viertorestadt führte, sondern auch zahlreiche Fotos vom Fußball in Neubrandenburg aber auch von Motocross-Veranstaltungen am Teterower Bergring.

Nicht zu vergessen seine vielen Fotos verschiedener 1. Mai-Demonstrationen und politischer Veranstaltungen. Diese Aufnahmen sollten nicht als Propagandabilder beiseite gewischt werden. Auch sie dokumentieren exemplarisch den Alltag in der DDR der 1950er- und 1960er-Jahre sowie historische Etappen. So finden sich in Popplows Bestand zahlreiche Stalin-Porträts, die den Personenkult der damaligen Zeit illustrieren. Nach 1956 wurde der „beste Freund des deutschen Volkes" in der DDR bekanntlich totgeschwiegen. Entsprechend wurden Stalin-Bilder aus vielen offiziellen Bildarchiven wie denen der SED-Bezirkszeitungen getilgt.

In vielen seiner Fotos zeigt Popplow auch eine andere Bildsprache als die Profi-Fotografen der SED-Presse. Der Unterschied zeigt sich deutlich in den Fotos aus der Arbeitswelt. Werden insbesondere Bauern und Bauarbeiter in der SED-Zeitung Freie Erde immer wieder als „Helden des Alltags" dargestellt, verzichtete Popplow auf solcherart Heroisierungen. Ihm geht es eher um den „normalen" Menschen und dessen Tätigkeiten, beispielsweise beim Mauern, dem Setzen eines Ofens oder aber der Fertigung eines Fensterrahmens.

Der Platz reicht nicht aus, um Quantität und Qualität des fotografischen Nachlasses von Hansjoachim Popplow ausreichend zu würdigen. Ohne Zweifel ist er aber einer der herausragenden Chronisten der Jahre des Aufbaus und Aufbruchs in Neubrandenburg nach dem Zweiten Weltkrieg.

Das Stargarder Vortor und die Lohmühle mit dem Turm der Marienkirche. Der Blick durch das Haupttor lässt die Baugerüste in der Ernst-Thälmann-Straße (heute Stargarder Straße) erahnen. Die Lohmühle wurde bis in die 60er-Jahre hinein als Mühle genutzt.

Kapitel 2

Die bedrohte Marienkirche – eine Kriegswunde mitten im Zentrum

Nach dem Zweiten Weltkrieg stand das Gotteshaus als Ruine fast 40 Jahre lang ohne Dach und Turmspitze mitten in der Stadt.

Die Marienkirche legt wie kaum ein anderes Bauwerk Zeugnis ab von der wechselvollen Geschichte Neubrandenburgs. Schon wenige Jahre nach der Stadtgründung 1248 war mit ihrem Bau begonnen worden. Durch Brände und Kriegseinwirkungen wurde das größte Gotteshaus der Stadt immer wieder zerstört und neu aufgebaut. Mit der fast kompletten Vernichtung der Innenstadt am Ende des Zweiten Weltkrieges wurde auch die Marienkirche stark in Mitleidenschaft gezogen. Die Turmspitze, große Teile des Dachs über dem Kirchenschiff und die Inneneinrichtung waren zerstört. November 1946 stürzten die Reste des Daches in sich zusammen. Pläne des DDR-Star-Architekten Hermann Henselmann von 1968 sahen vor, das Kirchenschiff und den Ostgiebel im Zuge der Neugestaltung der Innenstadt abzureißen. Allein der Turm sollte erhalten bleiben. Henselmanns Ideen schafften es sogar als Vorlage bis in das SED-Politbüro, wo sie aber verworfen wurden. SED-Chef Walter Ulbricht persönlich soll sich dagegen ausgesprochen haben, erinnerte sich Stadtarchitektin Iris Grund 1991. Erst 1982/83 erhielt die Kirche ein neues Dach und eine Turmspitze. 2001 wurde das Gebäude als Konzertkirche eröffnet.

In Hansjoachim Popplows Nachlass finden sich zahlreiche Fotos der Kirche. Wie eine Wunde des Krieges beherrschte sie das Stadtbild, was der Fotograf immer wieder kunstvoll in Szene setzte, wenn er den Turm ohne Spitze beispielsweise zusammen mit dem Stargarder und dem Treptower Tor einfing. Popplow sind auch etliche einmalige Aufnahmen der zerstörten Kirche aus den 1950er-Jahren zu verdanken, beispielsweise von den riesigen Schutthaufen im offenen Innenraum sowie von den Arbeitern beim Freilegen des Grabgewölbes.

Blick über die Stargarder und die Kleine Wollweberstraße auf die Nordseite der Marienkirche. Nur noch Grundmauern und Turm blieben nach den Zerstörungen zum Kriegsende übrig. Rechts sind die „inneren Strebpfeiler der Marienkirche“, so Hansjoachim Popplow, mit Schutthalden zu sehen.

Wie durch ein Wunder blieb der berühmte Ostgiebel, 1832 bis 1841 gestaltet von Friedrich Wilhelm Buttel, weitestgehend erhalten. Popplow waren Details wichtig, wie hier die Glocken, die aus dem Turm gestürzt waren, oder der Blick durch ein Nordfenster der Marienkirche.

Blick zum Haupttor des Treptower Tores von der Feldseite aus auf den Turm der Marienkirche. In den 1950er-Jahren wurde der Schutt aus dem Innenraum entfernt. Arbeiter legten dabei auch das Grabgewölbe frei.

Die zerstörte Marienkirche

Der Neubrandenburger Arzt Dr. Georg Arndt hat das Kriegsende in Neubrandenburg miterlebt. Anlässlich des 700. Jahrestages der Stadt 1948 hat er die Zerstörungen schriftlich dokumentiert. Unter anderem beschrieb er auch den Zustand der Marienkirche.

Auf dem Marienkirchplatz gelegen diente sie bis zur Eroberung der Stadt als Heeressanitätsdepot.

Der Turm

Dieser steht bis zum ersten Absatz unverändert, ist aber ausgebrannt. Von den vier Türmchen am Ende des ersten Absatzes ist die Verzierung des südöstlichen Türmchens abgeschlagen. Der zweite Absatz ist leicht beschädigt, unwesentlich. Der dritte Absatz, die Turmspitze mit dem Kreuz fehlt. Das aus einem Holzbalken bestehende, mit Kupferblech beschlagene Kreuz liegt neben der Kirche an der Südseite, das untere Ende des Balkens ist verkohlt … Das untere, verkohlte Ende hat einen Durchmesser von 42 cm. Im Eingang in der Mitte des Turmes liegen die drei abgestürzten Glocken.

Das Innere

Der Innenraum ist völlig ausgebrannt und zerstört, von der Einrichtung ist nichts mehr vorhanden, auch fehlen sämtliche Türen. Der von einer Sage umwobene, an der südöstlichen Tür befindliche, bronzene Eberkopf mit der Umschrift „E ick heyte hermann remt, ick bün tarn, zem eyn lam, amen'„ soll vorher geborgen sein, ist aber leider nicht wieder zu Tage gekommen wie so vieles. *

** Der durch den Brand beschädigte Eberkopf wurde tatsächlich geborgen und ist heute im Regionalmuseum zu besichtigen.*

Der Ostgiebel

Der Ostgiebel ist erhalten, jedoch von den fünf Türmchen ist das mittelste, höchste beschädigt, und zwar ist der nordöstliche Pfeiler mit dem Innern des Turmes herausgeschossen. Später ist in der Nacht vom 22. zum 23. März 1946 dieser Turm durch Sturm herabgeworfen worden.
Die Seitenwände des Kirchenschiffes stehen, nur der zweite Strebepfeiler von Osten an der Südwand zeigt im oberen Drittel eine geringe Beschädigung.

Das Dach

Dieses ist schwer zerstört, es ist in der Mitte zusammengebrochen, besonders mitgenommen ist der westliche Teil nach Süden. Am 18.11.1946 stürzte das Dach durch Sturm zusammen, nur ein Drittel im Osten gelegen blieb bestehen, zeigt aber auch schwere Zerstörungen.
Das ganze Gebäude wurde derart baufällig, daß das Betreten des Marien-Kirchplatzes durch Anschlag wegen Lebensgefahr Ende 1946 polizeilich verboten wurde.

Der Neubrandenburger Baurat Erich Brückner versuchte 1953, im Ostteil des Kirchenschiffes ein Gemeindehaus für die St. Mariengemeinde einzubauen. Die Pläne scheiterten allerdings. 1975 wurde die Kirche entweiht, die Kirchgemeinde übergab die Reste des Gebäudes an die Stadt.

Trotz der Zerstörungen dominierte die Marienkirche das Stadtbild. 1975 beschloss der Rat des Bezirkes, die Kirche als Konzerthalle wiederaufzubauen. Die Pläne des Architekten Josef Walter waren weit gediehen, letztlich fehlten aber bis zur Wende die materiellen Kapazitäten.

Die Pfaffenstraße in den 1960er-Jahren erinnerte an das alte Neubrandenburg vor dem Ende des Zweiten Weltkriegs. Bis Anfang der 1980er-Jahre wurden die alten Häuser der Südseite zwischen Wall und Behmenstraße fast komplett abgerissen. 1978 wurde dort ein neues Krankenhaus eingeweiht.

Das Ende der 1950er-Jahre entstandene Foto zeigt, dass die materiellen Mittel in den ersten Jahren vor allem in die Neubebauung der Innenstadt und nicht in die Rekonstruktion einer Kirche gesteckt wurden. Das HO-Hotel „Zu den vier Toren" (rechts) wurde 1957 eingeweiht. Im Vordergrund die Baustelle des HO-Kaufhauses, das 1960 eröffnet wurde.

Es ist vor allem den Frauen zu verdanken, dass bis Ende der 1950er-Jahre der Schutt aus der Stadt geräumt wurde. In den ersten Jahren mussten die Loren mühevoll mit der Hand durch eine Öffnung am Stargarder Tor bugsiert werden.

Kapitel 3

Trotz des Enthusiasmus' vieler Bürger gab es oft Probleme bei der Enttrümmerung

Mehr als zehn Jahre sollte es dauern, bis die Innenstadt Ende der 1950er-Jahre von den gigantischen Schuttmassen des Krieges freigeräumt war.

Anfang November 1953 sah sich Bürgermeister Walter Rösler genötigt, die Einwohner zu einem freiwilligen Arbeitseinsatz aufzurufen. Während in der Herbord- und der Friedländer Straße bereits die ersten Mehrfamilienhäuser standen, war der Schutt längst noch nicht überall aus dem Zentrum geräumt. Bei dem „Solidaritätseinsatz im Zeichen der Deutsch-Sowjetischen Freundschaft" galt es, mehrere Quartiere zu beräumen, um Platz für Neubauten zu schaffen. So wird in dem Aufruf das HO-Kaufhaus in der Ernst-Thälmann-Straße genannt. Die Karstadt-Ruine sollte – so der Plan 1953 – als „Verwaltungsgebäude" ausgebaut werden, zwischen Badstüberstraße und Karstadt war ein Neubau für die Kreisverwaltung vorgesehen. Beide Vorhaben wurden nicht umgesetzt. Röslers Aufruf endete mit dem eindringlichen Appell: „Jede Stunde Eures freiwilligen Einsatzes bei der Enttrümmerung trägt dazu bei, daß ihr bald bessere und schönere Wohnungen bekommt."

Trotz des Enthusiasmus' vieler Bürger und zahlreicher Aufbausonntage hinkte die Stadt immer wieder ihren Zielen hinterher, was 1952 öffentlich kritisiert wurde, so die Historikerin Brigitte Raschke: So monierte die Landeszeitung, dass „von den 4500 verpflichteten Stunden die FDJ bisher lediglich 257 geleistet" habe. Fehlende Arbeitskräfte und unzureichende finanzielle Unterstützung verzögerten die Enttrümmerung. Trotzdem: Die Leistungen der Trümmerfrauen, der vielen jungen Menschen, der Familien, der Bauern und Arbeiter, die die Ruinen beräumten, können nicht hoch genug geschätzt werden. 80.000 Kubikmeter Schutt wurden aus der Stadt geschafft sowie Hunderttausende Mauersteine geborgen. Erst 1958 konnte die Enttrümmerung der Innenstadt abgeschlossen werden.

Die Innenstadt war zu mehr als 80 Prozent zerstört. Deshalb galt es zunächst, das Zentrum vom Schutt zu befreien, um Platz für Neues zu schaffen. Hansjoachim Popplow hat das Geschehen immer wieder aus einer erhöhten Position fotografiert. Blick vom „Karstadt-Gebäude in Richtung Treptower Tor" und „Blick auf das Stargarder Tor vom Karstadt-Gebäude" heißt es in den Fotobeschreibungen. Die historische Bebauung in der Pfaffenstraße (Foto rechts) blieb zunächst erhalten.

CIRCUS
CIRCUS
BUSCH

Die Reste des Karstadt-Kaufhauses an der Ecke Stargarder-, Turmstraße. Der Stahlbetonbau sollte zunächst rekonstruiert werden. 1955 begann aber der Abriss des bei vielen ungeliebten „Klotzes“, der sich aufgrund der stabilen Konstruktion bis 1961 hinzog, so die Historikerin Brigitte Raschke. Der „Abbruch verschlang mehr Geld, als es bei einer Wiederherstellung bedurft hätte“.

Es war eine sehr harte Arbeit, die Frauen und Männer beim „Leerräumen“ der Stadt und dem Abputzen der Ziegel leisten mussten.

In der Wollweberstraße mussten schwere Feldsteine bewegt werden. Die Ziegel der zerstörten Gebäude wurden abgebrochen, aufbereitet und später in die umliegenden Dörfer gefahren, um sie beispielsweise für die Errichtung von Häusern für Neubauern zu verwenden.

Trotz aller Anstrengungen gelang es bis Anfang der 1950er-Jahre nicht, die Vorgaben der Enttrümmerung einzuhalten. So wurden die Schienen für die Loren erst ab- und dann wieder aufgebaut. Die SED und Massenorganisationen wie die FDJ setzten auf freiwillige Kampagnen, die aber oft nicht den erhofften Zulauf fanden.

Blick über die Neutorstraße und die Pfaffenstraße Richtung Nordosten. Große Teile der historischen Bebauung in dem Karree blieben zunächst erhalten. Auch der Komplex des Klosters und der Johanniskirche (rechts) wurde Ende April 1945 weitestgehend vom Krieg verschont.

Wer hart arbeitet, muss auch Pause machen. Popplow gelang es oft, abseits von propagandistisch wirkenden Aufnahmen, die beispielsweise während der „Aufbausonntage“ entstanden, alltäglich wirkende Szenen ins Bild zu setzen.

Ab Anfang der 1950er-Jahre liefen die Enttrümmerung und der Neubau parallel. Im Hintergrund ist das 1952/53 errichtete Gebäude der Polizei neben der Johanniskirche zu sehen.

Wie durch ein Wunder überstand der Mudder-Schulten-Brunnen den Krieg unbeschadet. Nachdem die Rathaus-Ruine 1950 abgerissen worden war, stand das Denkmal über Jahre neben einem Trafohäuschen auf dem Markt. 1961 erhielt der Brunnen einen neuen Standort gegenüber dem Fritz-Reuter-Denkmal. Das Polizeigebäude rechts war der erste Neubau im Zentrum nach dem Krieg.

Das Verwaltungsgebäude der Polizei wurde auf die Pontanusstraße gesetzt, sodass die Sichtachse Richtung Westen blockiert war. Der Bauingenieur Kurt Weitsch kritisierte das Projekt sowie den damit zusammenhängenden Bau von Wohnhäusern für die Polizei 1956 in den Neuen Mecklenburgischen Monatsheften scharf: „Das Verwaltungsgebäude der Volkspolizei, dessen Haupteingang im Blickpunkt der Straße der DSF (Deutsch-Sowjetische-Freundschaft, heute Friedländer Straße, Anm. d. Red.) zu liegen kam, ist, gelinde gesagt, in seiner äußeren Gestaltung armselig zu nennen, (und) mit beispielloser Ignoranz gegenüber dem nationalen Erbe entstanden in der Mönchenstraße (heute der südliche Teil der Darrenstraße, Anm. d. Red.) drei neue Wohnblocks in Nord-Südrichtung, die den beizubehaltenden rechtwinkligen Stadtplan rücksichtslos zersprengten." Linker Hand ist der Block in der Herbordstraße zu sehen, das erste neue Wohnhaus in der Innenstadt, das 1952/1953 gebaut wurde.

Kapitel 4

Zerstobene Architekten-Träume: Die Mühen beim Aufbau des neuen Zentrums

Für den Wiederaufbau der Innenstadt wurden Ende der 1940er-Jahre viele Pläne entwickelt. Doch letztlich wurde keiner davon umgesetzt.

Die Architekten planten den Wiederaufbau des fast vollständig zerstörten Zentrums bereits, als das Zentrum noch voller Trümmer lag. Den ersten Auftrag vergab die Stadt Ende 1945 an die Berliner Architekten Hans Mohr und Paul Weidner, schreibt die Historikerin Gabriele Wiesemann, die diese frühen Ideen als „kompakte Stadt" zusammenfasst. Nicht nur entlang der historischen Straßenzüge, sondern auch in den Innenhöfen sollten Wohnhäuser errichtet werden. Heinrich Tessenow entwickelte 1946 die Idee von der Gartenstadt, die neben der Bebauung an den Straßen „Luft und Sonne" und einen Garten für Mieter vorsah.

Die Pläne des Schweriner Architekten Hermann Elvers von der „gesunden Stadt" und der Neubrandenburger Planer Willi Timm und Hans Adam aus dem Jahr 1947 überschnitten sich zeitlich. Während Elvers' Pläne kaum Beachtung fanden, wurden die Ideen von Timm und Adam rege diskutiert. Die Hauptstraßen sollten einen städtischen Charakter tragen: überdachte Ladenzonen im Erdgeschoss und darüber bis zu drei Wohngeschosse. Die Nebenstraßen sollten mit eingeschossigen Reihenhäusern samt Vorgarten bebaut werden. Die „Behaglichkeiten des Kleinstadtlebens" sollten wieder in die Stadtmauern zurückkehren. „Der alte Niegenbrandenbörger kann sich des Abends wieder seinen Stuhl vor die Haustür rücken, sein Pfeifchen rauchen und seinen Drönschnack halten – auch wenn er mitten in der Hauptstraße wohnt", so die beiden Architekten.

Die Pläne von Timm und Adam stießen bei den Bürgern auf große Zustimmung. Bei einer Ausstellung aller bis dato entstandenen Entwürfe im Januar 1948 stimmten 95 Prozent der Besucher für die Idee von der „romantischen

Stadt", so Wiesemann. Wenige Monate später legte Baurat Erich Brückner einen weiteren Plan vor, der unter anderem zwei neue Verkehrsachsen mit Mauerdurchbrüchen sowie die Umgestaltung der Stargarder Straße als Fußgängerzone vorsah. Doch keine Stadtplanung der 1940er-Jahre bekam eine Chance, was verschiedene Ursachen hatte. Es fehlten eine funktionierende Verwaltung und ein starkes Stadtbauamt. Das Kreisbauamt zeichnete eigentlich für den Wiederaufbau Neubrandenburgs verantwortlich, war aber vor allem mit der Unterbringung der Flüchtlinge beschäftigt, so die Historikerin Brigitte Raschke. Die Aufräum- und Enttrümmerungsarbeiten liefen teilweise nur stockend, weil es immer wieder Schwierigkeiten und Unklarheiten bei der Zuweisung der Finanzmittel durch das Land gab. Insgesamt herrschte in Neubrandenburg wie vielerorts wenige Jahre nach dem Kriegsende eine „chaotische Mangelsituation". Nach der Vorlage des letzten Bebauungsvorschlags durch Baurat Erich Brückner, der wie alle anderen verworfen beziehungsweise gar nicht erst diskutiert worden war, kam die „Planungseuphorie zum Stillstand", so Raschke.

Die Grundlage für den Wiederaufbau wurde schließlich der erste Bebauungsplan des Architekten Albrecht Jaeger, 1951 gebilligt vom Ministerium für Wiederaufbau. Die wesentlichen Elemente: eine Blockbebauung entlang des historischen Straßenrasters innerhalb des Walls, das Primat des Baus von Wohnungen, die Ernst-Thälmann-Straße (heute Stargarder Straße) als Magistrale mit der Post, Polizei, Hotel sowie Gebäuden für Partei- und Massenorganisationen. Der Markt sollte als 9000 Quadratmeter großer zentraler Platz insbesondere Raum für monumentale „Standdemonstrationen" bieten, die über extra breiter angelegte Straßen wie die Treptower und die Ernst-Thälmann-Straße einmarschieren konnten.

Doch schon mit dem ersten Neubau in der Innenstadt wurde gegen Jaegers Pläne verstoßen. Durch das Verwaltungsgebäude der Volkspolizei (1952/53) wurde die historische Pontanusstraße überbaut. Zudem grenzte das Baugelände direkt an die Johanniskirche, was den Denkmalpfleger Brückner aber auch den Pastor von St. Johannis auf den Plan rief, zumal die nach Norden verlegte Pontanusstraße über den alten Friedhof gebaut werden sollte. „Es widerspricht der Pietät, über den Ruheplatz der Toten eine Verkehrsstraße zu legen", schreibt der Kirchengemeinderat 1951. Doch die Proteste halfen nicht.

Die Folgen sind bis heute sichtbar: Die historische Sichtachse von der Friedländer Straße aus Richtung Beguinenstraße ist durch das Polizei-Areal versperrt.

Das alte „Kaiserliche Reichspostamt“ an der Ecke Ernst-Thälmann-Straße, Poststraße war Ende April 1945 stark in Mitleidenschaft gezogen worden. 1948 wurde beschlossen, die Post am gleichen Standort unter Nutzung der erhaltenen Grundmauern wieder aufzubauen. 1949 wurde Richtfest gefeiert, ein Jahr später erfolgte die Eröffnung.

Die Kriegsschäden am Neubrandenburger Bahnhof hielten sich in Grenzen. So konnte das Gebäude nach der Rekonstruktion 1949 wieder eröffnet werden.

Die Baustelle in der Großen Wollweberstraße zeigt Maurer bei der Arbeit. Die Handarbeit dominierte, die ersten Gerüste waren noch Holzkonstruktionen. Auch das nördliche Ende der Stargarder Straße wurde neu bebaut. Hier entstanden vor allem Wohnungen für die Mitarbeiter des 1953 gegründeten Reparaturwerkes (RWN).

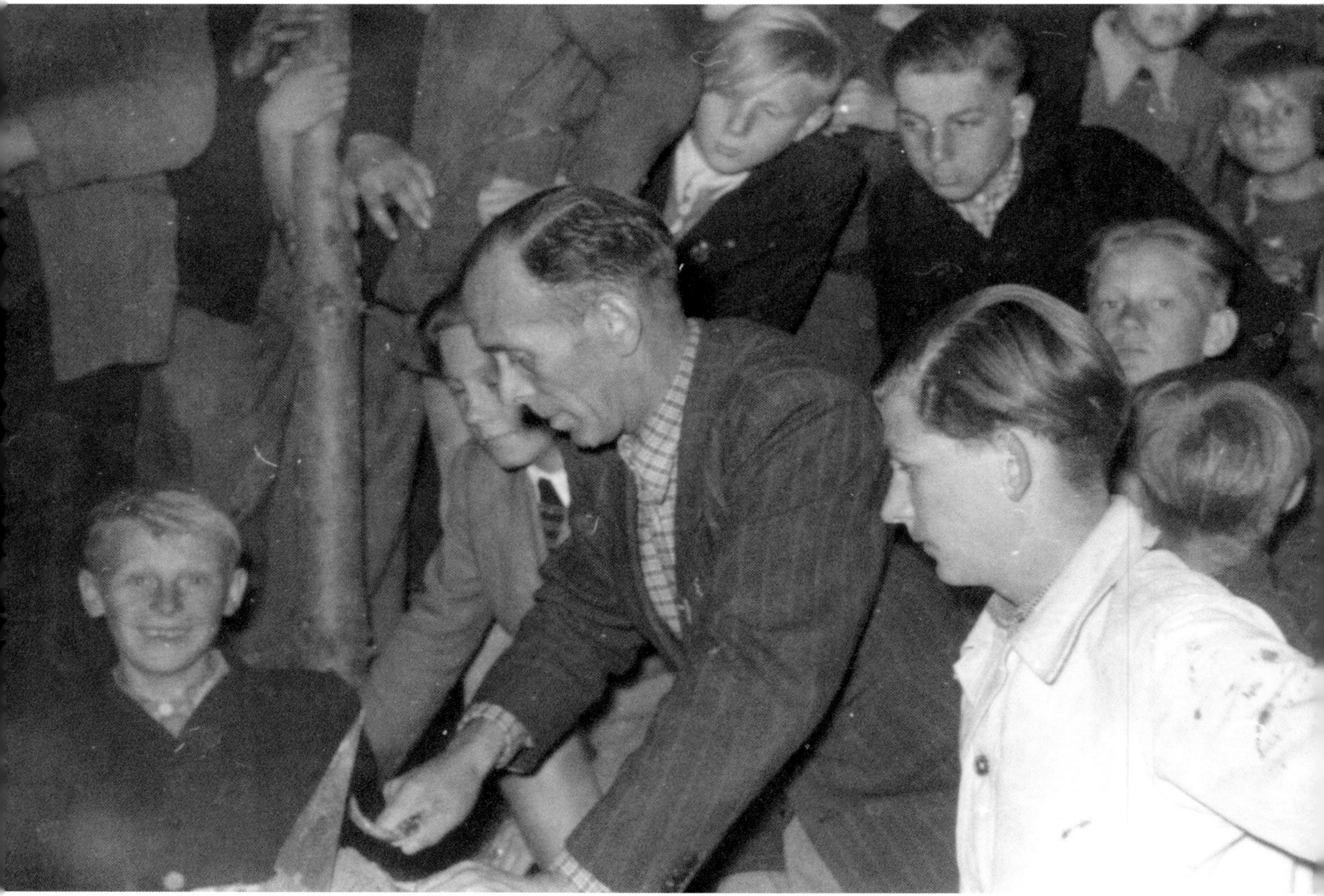

Den Bau des so genannten „Soli-Blocks“ in der Herbordstraße begleitete Popplow von Anfang an. Die Grundsteinlegung fand am 30. April 1952 mit Bürgermeister Walter Rösler und Stadtbaurat Peter Odenthal (im Bild) statt. Hunderte Menschen wollten sich das Ereignis nicht entgehen lassen, schließlich handelte es sich um das erste neue Wohnhaus im Zentrum.

Lehrlinge beim Legen der Fundamente in der Herbordstraße. Die Kellerwände wurden aufgemauert, was natürlich aufwendig war. Auch wenn die ehrgeizigen Planvorgaben nicht erfüllt werden konnten, wurde der komplette Block nach nur einem Jahr Bauzeit übergeben.

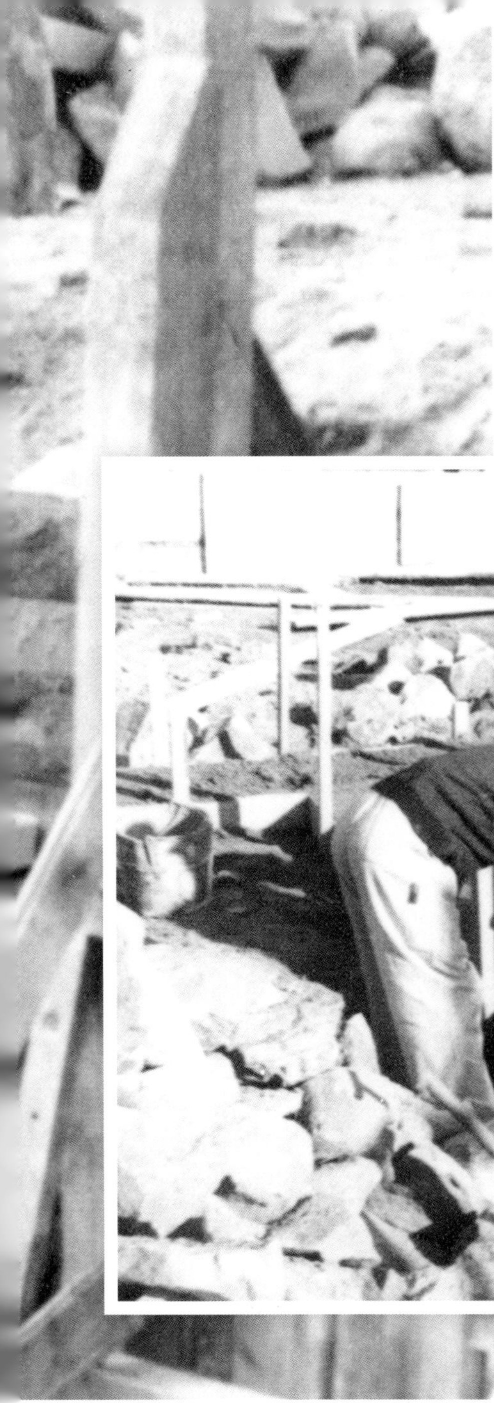

Nicht zuletzt wegen des Transports der Ziegel und anderer Materialien mit der Schubkarre waren die Arbeiten in den Kellergeschossen aufwendig. Rechts ist der Rohbau in der Herbordstraße zu sehen. Ursprünglich war die Schlüsselübergabe für den 21. Dezember 1952 vorgesehen. Zum Jahresende konnten aber lediglich 24 der 57 geplanten Wohnungen bezogen werden. Die restlichen Wohnungen waren am 1. Mai 1953 fertig. Der Plan, den „Soli-Bau" ausschließlich mit Solidaritätseinsätzen zu realisieren, ging nicht auf. Zu den Gesamtkosten von 245.951 Mark musste der Rat des Bezirkes 90.789 Mark an Investitionsmitteln beisteuern.

Anfang der 1950er-Jahre wurde an vielen Stellen der Stadt schon gebaut, während parallel noch Trümmer beräumt werden mussten. Das Bild von den Maurern (rechts) hat Hansjoachim Popplow mit der „Zweiermethode“ beschrieben. In der Badstüberstraße, die 1955 bis 1957 bebaut wurde, kam schon ein Kran zum Einsatz.

Hansjoachim Popplow hat in den 1950er-Jahren auch Sanierungsarbeiten am Zingel vor dem Friedländer Tor festgehalten. Der Zingel stammt aus der zweiten Hälfte des 15. Jahrhunderts.

BESSER

Als Lehrer hat sich Hansjoachim Popplow immer auch für die Entwicklung der Jugend interessiert. Von der „Zwischenprüfung der Maurerlehrlinge" (links) gibt es mehrere Fotos, die Anfang der 1950er-Jahre entstanden. Später hielt er auch die Prüfung junger Frauen in Farbe fest.

Die erste Baustelle der Arbeiterwohnungsbaugenossenschaft „Fortschritt“ (AWG) Neubrandenburg befand sich in der Straße des Fortschritts (später Lerchenstraße) im heutigen Vogelviertel, wo es am 16. Mai 1954 den Spatenstich für 16 AWG-Wohnungen gab. Die am 24. April 1954 gegründete AWG „Fortschritt“ war die erste Wohnungsbaugenossenschaft im Bezirk Neubrandenburg, die vierte in der DDR. Auch in anderen Stadtteilen außerhalb des Zentrums entstanden in den 1950er-Jahren dringend benötigte Wohnungen.

Pferdefuhrwerke gehörten noch bis weit in die 1960er-Jahre hinein zu den gängigen Transportmitteln, auch auf den Baustellen wie hier im westlichen Abschnitt der Kleinen Wollweberstraße. Enttrümmerung und Neubau liefen an vielen Stellen parallel, so auch in diesem Innenhof an der Ernst-Thälmann-Straße.

An einigen Stellen in der Innenstadt gab es auch Neubauten in Lücken, wie hier in der Pfaffenstraße. Die älteren Gebäude im Hintergrund wurden Mitte der 1980er-Jahre abgerissen und durch Plattenbauten ersetzt.

VEB
BAU-UNION

Nach den ersten, einfach gestalteten Wohnhäusern in der Herbord- und anderen Nebenstraßen sollten die Gebäude an der „Magistrale“, der Ernst-Thälmann-Straße, Elemente der „Norddeutschen Renaissance“ aufweisen, wie diese Giebel in einem der Innenhöfe zeigen.

Ratsprotokoll 17. November 1953

Toilettenanlage im Stadtgebiet Neubrandenburg

Die Einrichtung von Toiletten im Stadtgebiet macht sich dringend erforderlich. Obgleich der Rat der Stadt schon seit dem Jahre 1950 die hierfür erforderlichen Mittel angefordert hat, wurden sie bisher stets gestrichen. Der Rat beschließt daher den Bau von 3 Toiletten, und zwar eine Toilette am Volkshaus, 1 Toilette am Friedländertor und 1 Toilette am Treptowertor. Die hierfür erforderlichen Mittel in Höhe von 13.600 DM sind aus unechten Einsparungen bereitzustellen. Der diesbezügliche Stadtvertreterbeschluss ist herbeizuführen. *

Ratsprotokoll 1. September 1953

Verteilung des neu zu schaffenden und des bestehenden Wohnraumes in der Stadt Neubrandenburg

Der Rat nimmt Kenntnis von dem Schreiben des Vorsitzenden des Rates des Kreises, wonach alle Wohnraumverteilungen dem Vorsitzenden des Rates des Kreises zur Bestätigung vorzulegen sind. Der Rat begrüßt eine enge Zusammenarbeit mit dem Rat des Kreises auch in Verteilung des Wohnraumes, ist jedoch der Meinung, daß durch diese Anweisung des übergeordneten Organes die Beschlußkraft und die Verantwortungsfreudigkeit des Rates der Stadt beeinträchtigt werden, welches nicht im Sinne unserer weiteren Demokratisierung liegt. Auf Grund dessen kann sich der Rat mit dieser Anweisung nicht einverstanden erklären."

** Realisiert wurden die Toiletten allerdings nicht. Ironie der Geschichte: Neubrandenburg hat bis heute in der Innenstadt ein Toilettenproblem.*

Wohnhäuser Straße der Freundschaft

$2\frac{1}{2}$ Zimmerwohnung mit

Wohnzimmer	*Küche*
Schlafzimmer	*Bad / WC*
Kinderzimmer	*Flur*
Besenkammer	
Speisekammer	

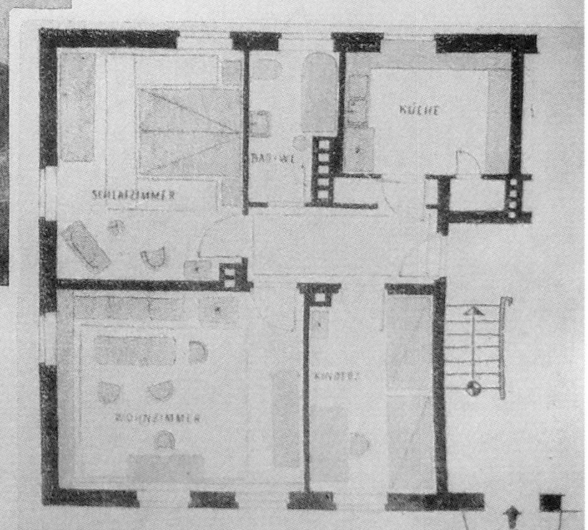

Die neuen Wohnungen

Gute Wohnungen mit hellen freundlichen Zimmern, zweckmäßigen Küchen- und Badeeinrichtungen sind Fortschritte in der Aufbauarbeit. Weitere Verbesserungen der Wohnungsbautypen und Einrichtungen nach der Losung „schneller, besser und billiger“ zu bauen, sind Ziel im zweiten Fünfjahrplan.

Der Grundriss der Wohnung in der Straße der Freundschaft (heute Friedländer Straße) samt Werbetext und Einrichtungsvorschlag stammt aus einer Mitte der 1950er-Jahre herausgegebenen Broschüre des Rates des Bezirkes Neubrandenburg.

Parkplätze gab es in den 1950er- und 1960er-Jahren noch nicht in den Innenhöfen. Die grünen Inseln wurden mit Bäumen und Sträuchern, Spielplätzen, Sitzgelegenheiten und Wäscheplätzen gestaltet. Die Vorderfront der Ernst-Thälmann-Straße, Ecke Turmstraße zeigt die zumindest an der „Magistrale“ abwechslungsreich gestalteten Fassaden unter anderem mit den Giebelelementen.

RADIO

Die Turmstraße wurde in der zweiten Hälfte der 1950er-Jahre bebaut. Aus Kostengründen ging es nun vor allem um die Wirtschaftlichkeit. Auf verzierte Häuserfronten wurde weitgehend verzichtet, was auch das Gebäude der HO (Handelsorganisation) an der Ecke Friedländer, Herbordstraße zeigt. Im Gegenzug wurde seinerzeit vergleichsweise schnell gebaut.

VOLKSBUCHHANDLUNG

Blick über den „zentralen Platz“, wie der Markt in den 1950er-Jahren in Planungsdokumenten genannt wurde, auf die Ernst-Thälmann-Straße. Von Beginn an bis heute beherbergt das Gebäude eine Buchhandlung, die zu DDR-Zeiten nach dem kommunistischen Politiker und Propagandisten Edwin Hoernle (1883-1952) benannt war. Die Geschäftsräume im Eckhaus Turmstraße wurden immer wieder von anderen Mietern genutzt.

Auf der BKV-Tour durch die Innenstadt

Der Historiker Horst Beyermann (1943–2018) wuchs in Neubrandenburg auf. In der Serie „Das alte Neubrandenburg" des Nordkurier schilderte er seine Erinnerungen an die Aufbaujahre und die Bahnhof-Kino-Volkshaus-Tour mit seinen Freunden.

Im Wohnungsbauprogramm aus dem Jahr 1953 war zu lesen, dass im Stadtzentrum neben der Friedländer-, Schul- und Herbordstraße auch die damalige Ernst-Thälmann-Straße (heute Stargarder Straße) mit Wohnungen bebaut werden sollte. Dafür mussten aber noch viele Trümmer beseitigt werden. Die ersten 20 Wohnungen und zwei Geschäfte wurden 1953 fertig. Im gleichen Jahr rief Bürgermeister Walter Rösler die Einwohner in einem offenen Brief zur freiwilligen Teilnahme an einer Großenttrümmerung auf, die am Sonntag, dem 8. November, stattfinden sollte.

Nach dem später erfolgten Abriss der Karstadt-Ruine sollte im Umfeld die Bebauung mit Wohngebäuden und Geschäften erfolgen. Entstanden 1954 nur 231 Wohnungen, so waren 1959 bereits 311 fertiggestellt und 222 teilfertig. In dem Haus an der Ernst-Thälmann-Straße zwischen Turm- und Badstüberstraße wurde im April 1959 der Blumenladen (heute Sparkassenfiliale) eingeweiht. Am 18. Juli 1959 folgte die Buchhandlung „Edwin Hoernle", die zuvor als „Fritz-Reuter-Buchhandlung" in der Katharinenstraße geführt worden war. In der Folgezeit konnten weitere Geschäfte eröffnet werden. So las man in der Freien Erde vom 25. März 1960: „Der Optikladen, das Reisebüro, die Drogerie, das Handarbeitsgeschäft und ein Fleischwarengeschäft wurden eröffnet." An der Stelle, wo sich einst Karstadt befand, war nun in einer vertikalen, blau beleuchteten Neonschrift „Deutsches Reisebüro" zu lesen. Aus dem Reisebüro wurde später ein Geschäft für Haushaltswaren, das noch viele Jahre nach 1990 den Namen „Gedeckter Tisch" trug.

Anfang der 1960er-Jahre war die Zeit, als es sich wieder lohnte, durch die Straßen der Innenstadt zu bummeln und einen Blick in die Schaufenster zu werfen. Dem schlossen wir uns als Jugendliche an und trafen uns sonntags zur BKV-Tour: Bahnhof-Kino-Volkshaus.

Treffpunkt war am Bahnhof, die Hauptstraße entlang ging es zum Kino. Dort sahen wir nach den neuesten Filmankündigungen und beschlossen den nächsten Kinobesuch, bevor wir beim „Volkshaus" die Tanzenden in der Glasveranda durch die Scheiben beobachteten. Von hier aus ging es zum Bahnhof zurück, um eine neue BKV-Tour zu starten. Nur Besuche der Fußballspiele von „Turbine“ oder „Vorwärts“ konnten diese Touren reduzieren oder gänzlich verhindern.

Das Haus der Kultur und Bildung (HKB) wurde 1963 bis 1965 gebaut. Seine Idee basierte auf der Forderung nach der „sozialistischen Umgestaltung der Städte“, die Ende der 1950er-Jahre als Leitbild eine „offene Bebauung mit Vertikalakzenten“ insbesondere auch für Kultureinrichtungen vorsah, so Gabriele Wiesemann. Verwirklicht wurde aber lediglich das Neubrandenburger Vorhaben, ähnliche Pläne für Dresden und Karl-Marx-Stadt (heute Chemnitz) verschwanden in der Schublade. Die Karl-Marx-Statue von Gerhard Thieme stand ab 1969 vor dem HKB.

Auch viele Straßen mussten erneuert werden, wie hier die Neustrelitzer Straße. Mit der Fertigstellung der Brücke „10. Jahrestag“ zwischen Pferdemarkt und Demminer Straße wurde eine unkomplizierte Verbindung Richtung Norden geschaffen. Das Warten am „Sabotagebalken“, wie der Bahnübergang angesichts oft langer Schließzeiten genannt wurde, entfiel. Zunächst gab es zwei Fahrspuren auf der Brücke, ab 1973 erfolgte der vierspurige Ausbau.

Auf den folgenden Luftbildern ist zu sehen, dass große Teile der Neubebauung der Innenstadt bereits Ende der 1950er-, Anfang der 1960er-Jahre abgeschlossen waren. Auf beiden Bildern ist das Polizei-Karree zu sehen, mit dem die historische Pontanusstraße worden war. Hinter dem Bahnhof sind die ersten Plattenbauten im Vogelviertel zu erkennen.

Selbst Walter Ulbricht war das Hochhaus in der Neubrandenburger Waagestraße ein Dorn im Auge. Es passe nicht in das Stadtbild, meinte der SED-Chef während eines Besuches in der Viertorestadt Mitte der 1960er-Jahre. Da war aber längst der Grundstein gelegt worden. Die ersten Mieter zogen im August 1968 in das Haus ein. Nach der Wende wurde das Gebäude als „städtebaulicher Missstand" definiert.

Der Blick vom HKB-Turm in südwestliche Richtung zeigt die neuen Häuser im Karree Treptower-, Dümper- und Kleine Wollweberstraße. Das Kosmosgebäude im Vordergrund wurde wie das HKB 1965 eingeweiht. Hier befanden sich die beliebte Tanzgaststätte „Kosmos“, ein Studiokino, der Probenraum der Philharmonie, ein Ballettsaal und das Standesamt. Nach dessen Wechsel ins alte Kloster 1979 zog das Puppentheater in das Kulturhaus. 1994 wurde das Kosmos abgerissen.

TRUM

Das Kaufhaus in der Ernst-Thälmann-Straße (zwischen Turm- und Neutorstraße) wurde von 1958 bis 1960 gebaut. Die Eröffnung des HO-Kaufhauses erfolgte am 1. Dezember 1960. „In 8 Stunden kamen 8000 Kunden und es wurde ein Umsatz von 220.000 Mark erzielt", erinnert Historiker Horst Beyermann. Die Feuerwehr musste den Kundenstrom regulieren. 1966 wurde aus dem HO- ein Centrum-Warenhaus.

Herbert Utikal absolvierte 1970 seine Lehre zum Fachverkäufer für Rundfunk/Fernsehen im Centrum-Warenhaus und arbeitete dort bis 1986. Er erinnert sich:

„Alles, was ich fürs spätere Leben brauchte, habe ich im Centrum-Warenhaus gelernt. Ich wurde Verkaufsbereichsleiter in einem Haus, das eigentlich alles hatte: Möbel, Textilien, Schmuck, Haushaltswaren und Fernseher. An den Zusammenhalt unter den Kollegen erinnere ich mich gern. Klar gab es Engpässe, zum Beispiel bei Bettwäsche, Gefriertruhen, Handtüchern oder Strümpfen. Doch es wurde darauf geachtet, dass Kaufhaus-Mitarbeiter nicht bevorteilt wurden. Der Kunde ging vor, Mitarbeiter haben mitunter länger gewartet oder mussten sich eine Erlaubnis zum Kauf holen. Geärgert habe ich mich, als ich im Rahmen eines Jugendaustausches in die Bundesrepublik fuhr, um dort Produkte aus dem Osten zu sehen, die es hierzulande schwer bis gar nicht gab – und wenn, dann zu extrem hohen Preisen. Was wir produziert hatten, das aber nicht für unsere Bevölkerung bestimmt war."

Einige Einblicke in verschiedene Abteilungen des Kaufhauses. Herbert Utikal (Bild rechts, Mitte mit Mikrofon) arbeitete 1970 bis 1986 im Centrum-Kaufhaus.

Damenröcke
Damenjacken

Anzugstoffe

Der Blick vom HKB-Turm Richtung Stargarder Tor. Rechter Hand ist der Ostgiebel der Marienkirche ohne Dach zu erkennen. Linker Hand sind das Kaufhaus sowie das neue Quartier Neutor-, Thälmann- und Pfaffenstraße zu sehen. Am östlichen Ende der Pfaffenstraße steht noch die historische Bebauung, die Mitte der 1970er-Jahre größtenteils abgerissen wurde, um Plattenbauten Platz zu machen.

„Besser, schneller, billiger bauen" – diese Maxime des Neubaus in der DDR setzte sich ab Mitte der 1950er-Jahre auch in Neubrandenburg durch. In der zweiten Hälfte des Jahrzehnts errichtete Häuserzeilen in der Innenstadt wie am östlichen Ende der Turmstraße zeigen deutlich einfachere und einheitlich gestaltete Fassaden im Vergleich zum ersten Abschnitt beispielsweise der Ernst-Thälmann-Straße. Das erste neue Wohngebiet, das entsprechend der neuen Maßstäbe in Neubrandenburg errichtet wurde, war die Südstadt, wo ab 1957 nach einem Entwurf des staatlichen Büros für Stadt- und Dorfplanung Halle gebaut wurde. Die Südstadt gilt als „Geburtsstunde der industriellen Bauweise" in Neubrandenburg, so der Historiker Joachim Milster. Für das Projekt wurde an der Bergstraße das Betonwerk Süd in nur einem halben Jahr errichtet. Ziel war es, den Wohnungsbau für die schnell wachsende Stadt zu forcieren. Betrug die Einwohnerzahl 1946 etwas mehr als 20.400 Menschen, waren es 1955 knapp 27.000 und 1964 bereits knapp 38.000 Menschen.

Auch die Mitte der 1950er-Jahre beginnende Erweiterung des Vogelviertels begleitete Hansjoachim Popplow mit seiner Kamera, wohl auch, weil die fünfköpfige Familie in dieser Zeit eine Wohnung in der Eulenstraße bezog. Popplow war als Fotograf immer dicht dran an den Bauarbeitern.

Eine außergewöhnliche Perspektive hat der Fotograf für diese Dachkonstruktion gefunden. War der Dachstuhl gerichtet, wurde gefeiert, natürlich mit einem Richtkranz und Schnaps.

Alle Branchen suchten in den Aufbaujahren nach Personal, erst recht die Bauwirtschaft, wie diese Werbung für den Maurerberuf am Friedländer Tor zeigt.

Im Vogelviertel wurde anfangs noch traditionell Stein auf Stein gebaut. 1961 wurde in der Greifstraße der erste Wohnblock der DDR mithilfe einer Taktstraße errichtet, wie sich Kranführer Horst Bormann erinnert, der seinerzeit zur legendären Brigade Leo Kempin gehörte, die in Neubaugebieten wie der Oststadt, dem Datzeberg, dem Lindenberg und dem Reitbahnweg im Einsatz war. 38 Tage vom Baubeginn bis zur Übergabe waren als Plan vorgegeben, so Bormann.

Die Stadttore gehören zu den beliebtesten Fotomotiven Neubrandenburgs, auch für Popplow. Hier das Stargarder Tor mit der Marienkirche im Hintergrund. In den 1950er-Jahren blieben die alten Denkmale allerdings nicht von „fortschrittlichen" Losungen verschont. „Frieden an Oder und Neisse hilft den Frieden in Europa sichern", steht auf dem Banner am Vortor.

Kapitel 5

Das alte Neubrandenburg im neuen Zentrum der Stadt

Ab Anfang der 1950er-Jahre stand der Neuaufbau der Innenstadt im Mittelpunkt. Die historische Substanz wurde teilweise stiefmütterlich behandelt.

Es war wie ein Wunder: Die vier Tore, die Stadtmauer, die Johanniskirche und einige historische Straßenzüge hatten den Krieg überstanden. So auch der östliche Abschnitt der Pfaffenstraße mit dem alten Krankenhaus. Nach der Überlieferung von Dr. Georg Arndt war das Karree bewusst von der Roten Armee verschont worden. Ein sowjetischer Offizier habe einem Arzt am 30. April 1945 eine Armeekarte gezeigt, auf der der Stadtteil mit einem roten Kreuz gekennzeichnet und daher nicht beschossen worden sei. Allerdings wurde in den 1970er- und 1980er-Jahren weitere Altbausubstanz abgerissen. So sollte das Quartier Behmen-, Neutorstraße mit einer Kaufhalle überbaut werden. Die alten Häuser verschwanden. Das Vorhaben wurde aufgrund mangelnder Baukapazitäten aber nie verwirklicht. Das „Säubern des Stadtgrundrisses" und das „Aufräumen in der alten Stadt mit modernen Mitteln sprich aktuellen Typenbauten" seien zu Prinzipien erhoben worden, haben Historiker und Stadtplaner 1991 festgehalten. „Das Ergebnis ist der Verlust des Charakters des Ortes."

So wurden weite Züge der Pfaffen-, Neutor- und Behmenstraße mit Plattenbauten zubetoniert. Das alte Krankenhaus wurde samt dem Quartier hin zur Stadtmauer bis auf ein historisches Gebäude abgerissen. Dafür entstand dort ein Krankenhaus, ebenfalls in Plattenbauweise. Alte Substanz ging auch durch den 1972 eingeweihten Stadtring verloren, der zulasten des Walls immer wieder verbreitert wurde. Dadurch sind „einmalige Stadtzugangssituationen wie am Treptower Tor unwiederbringlich zerstört" worden. Ebenso erging es dem alten Katharinenviertel, wo große Teile unter anderem der SED-Bezirksleitung und der Parteischule weichen mussten.

Blick durch das Treptower Tor Richtung Westen. Bis in die 1960er-Jahre hinein blieben die Tore für den Autoverkehr und Pferdefuhrwerke offen. Das Treptower Tor wurde gesperrt, nachdem ein Lkw das eiserne Fallgatter bei der Durchfahrt beschädigt hatte. Das Gatter wurde erst in den 1990er-Jahren wieder rekonstruiert. Für Lkw über 3,5 Tonnen war das Stargarder Tor bereits 1956 gesperrt worden.

Blick durch das Friedländer Vortor auf den fast zugewachsenen Zingel. Das Bauwerk mit Haupttor, Vortor, Zwinger und Zingel gilt angesichts seines fast vollständig erhaltenen Zustands als einzigartiges mittelalterliches Tor im nördlichen Mitteleuropa.

Geschäftiges Treiben in der Neutorstraße Ende der 1950er-, Anfang der 1960er-Jahre. Die historischen Bauten auf der südlichen Seite waren nach dem Krieg erhalten geblieben. An dem hellen Tessenow-Haus – das dritte Haus von rechts – ist noch die Werbung von „Tabak-Gading" zu erkennen. Ende der 1970er-, Anfang der 1980er-Jahre wurde die historische Bausubstanz bis zum Tessenow-Haus heran gesichtslosen Plattenbauten geopfert.

HO Foto-Elektro-Radio

Tabak-Gading schenkte gerne auch mal ein, zwei Schnäpsken aus

Der historische Bestand des südlichen Teils der Neutorstraße blieb nach dem Krieg zunächst erhalten. Cornelia Wärmeling aus Neubrandenburg erinnert sich.

In meinen Gedanken begebe ich mich selbst auf einen Rundgang durch all die Bereiche, die man als Kind so durchflitzt und erlebt hat. Strolchen nannte es Mutter und war nicht immer glücklich darüber. Wir saßen nicht vor dem Fernseher – den durften wir nicht mal berühren (!) – wir waren draußen.

1962, Neutorstraße: Fix an der Stadtmauer, an der „Klause" und den Baracken auf dem späteren Parkplatz Neutorstraße vorbei hin zum Neuen Tor. Hier stand hinter dem zerstörten Durchgang die Verkaufsbaracke von „Leder Schroeder". Gegenüber befand sich ein Blumenpavillon. Das alte Schützenhaus war noch da, ich musste öfter Fass-Brause holen. Uralte Bäume säumten den Bereich, wo heute der Ampelübergang zum Rathaus ist.

Links neben dem ehemaligen Möbelhaus Suh war die Toreinfahrt zu einem Milchbauern. Sonntags musste ich früh hin und in der Kanne Milch holen. Ein Stück die Neutorstraße wieder hoch, die unzerstörte Seite, hatten die Raiffeisenbank und ein Elektrofritze ihre Räume. Dann kam „Tabak-Gading". Auch Lotto konnte mein Vater dort spielen. Der Gading war immer gut besucht, gern schenkte er auch an ein oder zwei kleinen Stehtischchen ein Schnäpsken aus. Weiter ging es mit einem Zahnarzt, der Höhe Tessenowhaus seine Praxis hatte, den mein Vater oft besuchte. Dann, Ecke Behmenstraße, gegenüber dem Erkerhaus, hatte „Blumen-Kalf" Geschäft und Gärtnerei. Hier holten wir immer Blumen oder Salat. Im Erkerhaus lebte eine alte, vornehme Dame. Sie hielt sich oft auf dem schönen Balkon auf.

Unten im Ladenlokal war ein „Tante Emma-Laden", ich meine mich zu erinnern, dass „Seemann" über der Tür zu lesen war. Dort standen noch Gurkenfässer und ein Sauerkrautfass links neben der Eingangstür. Die Glocke läutete, wenn man hineinging. Eine uralte Registrierkasse stand auf dem Verkaufstresen. Gläser mit Bon-

bons, Lutschern, Lakritz und Gummitier-Schlangen lockten uns Kinder an.
Daneben befand sich die Bäckerei „Wichmann". Hier musste ich später noch vor dem Schulbeginn Brot und Brötchen holen. Ab 6 Uhr war die Bäckerei offen. Meist standen dort Schlangen in Zweierreihen. Der Meister buk und schleppte selbst die Körbe mit Brötchen in den Laden. Wenn alles verkauft war, rief er laut: „Brötchen sind aus! In zwei Stunden neue!" Das warme Brot werde ich nie vergessen. Seine Schürzkuchen waren eine Legende. Oft stand Meister Wichmann bemehlt und in weißer Arbeitskleidung mit Haube selbst an der Kasse und wickelte den Verkauf ab.
Weiter ging es mit einem Optiker. Dahinter auf dem Hof gab es eine Werkstatt. Dann begann schon der neue Teil der Neutorstraße. In der Pfaffenstraße erlebte ich noch das alte Krankenhaus und schlich gern die schmale Gasse am Schauspielhaus, die zur Mauer führte, entlang. Auch hier fand sich eine Freifläche mit Schutt, bis zur Ecke rechts, wo eine kirchliche Einrichtung ihre Räume hatte. Weiter an der Wallmauer nach rechts befanden sich Werkstätten.
Rechts neben dem Schauspielhaus stand das „Druckhaus Greve" mit einmalig gemalter Fassade. Dann kam das Haus „Cecilie Bendschneider. Schneiderei". Lange stand es schief und krumm, bis es vor einigen Jahren weggerissen wurde. Kurzzeitig hatte sich dort auch der allererste Sitz einer Bücherei befunden. Ich ließ mich als Sechsjährige für Kinderliteratur registrieren. Später war ich bei der Eröffnung der großen Bibliothek im HKB dabei.
Gegenüber dem Schauspielhaus hatte „Tischler Fritz" sein Haus. Dort war ein Schäferhund angekettet, den ich gern besuchte. Ich durfte mir sogar die Werkstatt ansehen und bekam für meine Meerschweinchen Holzstreu geschenkt. Genau an der Ecke, im beeindruckenden Eckhaus mit dem Turm war damals ein Bäcker. Der hatte sonntags am Vormittag immer kurz auf. Ich musste dort oftmals ein Brot holen. Das Brot bei ihm hatte immer einen „Klitschstreifen". Ich mochte das, meine Eltern eher nicht.
Von der Behmenstraße weiß ich noch, dass hier oft ein Zweispänner mit Hänger stand. Von dem Hänger stank es gewaltig. Knochen, Lumpen, Abfall wurden gesammelt und transportiert. Der Mann mit den Pferden war zu Kindern sehr freundlich und schenkte uns verklebte Bonbons.
Das Wohnviertel Behmenstraße war sehr heruntergekommen. Hier her zu gehen, war mir strikt verboten. Jedoch hielt ich mich nicht daran. „Rattenviertel" nannte man das Quartier, Ratten sah ich hier wirklich. Groß wie Katzen.

Die südliche Seite der Großen Wollweberstraße sowie die sich anschließende Pfaffenstraße gehörten zu den wenigen Straßen in der Neubrandenburger Innenstadt, die weitestgehend von Kriegsschäden verschont geblieben waren. Da der stadtauswärts führende Verkehr bis in die 1960er-Jahre hinein durch die Tore geleitet wurde, war die Große Wollweberstraße eine Sackgasse, ehe sie als Zufahrt auf den Stadtring geöffnet wurde.

Auch diese Häuser im nördlichen Teil der Großen Wollweberstraße blieben bis heute erhalten.

Das Neue Tor in den 1950er-Jahren von der damaligen Berliner Straße aus fotografiert. Das Neue Tor ist das jüngste der vier Tore Neubrandenburgs. Es wurde in der zweiten Hälfte des 15. Jahrhunderts errichtet. Ursprünglich verfügte es ebenfalls über einen vorgelagerten Zingel, der aber im Februar 1631 durch den Kanonenbeschuss von Tillys Truppen bei der Belagerung zerstört worden war.

Blick in die Pfaffenstraße auf das Schauspielhaus aus den Jahren 1777/78. Es handelt sich um den ältesten Theaterbau in Mecklenburg-Vorpommern, was die Stadtväter zu DDR-Zeiten allerdings wenig interessierte. Das Gebäude wurde immer wieder zweckentfremdet genutzt. Es drohte zu verfallen. Ab 1990 wurde das Haus auch mit finanzieller Unterstützung durch das Land Schleswig-Holstein saniert. Am 21. April 1994 konnte das Theater endlich wieder einziehen.

HO

Das alte Krankenhaus in der Pfaffenstraße. Es wurde 1851 gebaut und erwies sich spätestens nach dem Zweiten Weltkrieg angesichts der schnell steigenden Einwohnerzahlen als zu klein.
Ein Neubau musste her. Große Teile der Altbausubstanz wurden abgerissen, um Platz zu schaffen. 1978 wurde das neue Krankenhaus in Plattenbauweise eingeweiht. 2004 gab das Klinikum das Haus auf, ein Jahr später wurde der Betonklotz abgerissen. Das Theaterkarree wurde danach kleinteilig mit neuen Wohnhäusern bebaut.

Einer der typischen Hinterhöfe des alten Neubrandenburgs, die auch landwirtschaftlichen Zwecken wie der Viehhaltung dienten. Solche Höfe gibt es längst nicht mehr.

Die Geschichte der Vierrademühle reicht bis ins 13. Jahrhundert. 1705 kam die Mühle in den Besitz der Familie Moncke, die den Betrieb als eine der größten Mühlen Mecklenburgs bis 1953 führte. Das Bild zeigt den Zustand vor dem Bau des Stadtrings Anfang der 1970er-Jahre. Vor der Mühle verläuft die alte, zweispurige Rostocker Straße. Zum Wasser hin sorgten die bekannten „Buttel-Poller" mit einem Geländer für eine Begrenzung.

Das Haus der Fischer-Familie Peters am Oberbach. Bis 1948 hatten Ernst Peters und nach dem Krieg sein Bruder Hans-Joachim den Tollensesee gepachtet.

Die alte Ölmühle am künstlich angelegten Ölmühlenbach stand im Bereich der ersten Klostermühle, die, erbaut im 13. Jahrhundert, als älteste Mühle Neubrandenburgs gilt. Sie wurde später zu einer Walkmühle und im 19. Jahrhundert zu einer Ölmühle umgebaut, um Raps zu Leuchtöl zu verarbeiten. Das Fachwerkgebäude gibt es nach mehreren Umbauten nicht mehr in dieser Form.

Blick über die Ihlenfelder Vorstadt bis zum Datzeberg. Wegen der unregelmäßigen Bebauung wurde der Stadtteil von den Neubrandenburgern scherzhaft auch „Kleckersdorf" genannt. Im Vordergrund die Johannesstraße mit einem Werkstattgebäude der Firma Jaeger. Der Künstler Wilhelm Hans Jaeger, Sohn des Firmengründers, schuf 1923 den Mudder-Schulten-Brunnen.

Lehrlinge an einem auseinandergebauten Traktor in der Leitwerkstatt der MAS (Maschinen-Ausleih-Station) Neubrandenburg. Im Stadtbereich mit den Gemeinden Küssow, Fritscheshof, Carlshöhe und Monckeshof erhielten im Zuge der Bodenreform 1945/46 insgesamt 106 Neubauern eigenes Land. Von den 1948 gegründeten MAS wurden die Neubauern mit Technik unterstützt.

Kapitel 6

Private Unternehmer hatten nur noch schlechte Chancen in der Planwirtschaft

Zahlreiche selbstständige Firmen wurden schon in den ersten Jahren nach dem Krieg in Volkseigene Betriebe und Genossenschaften umgewandelt.

Auch die Wirtschaft lag nach dem Krieg vielerorts brach. Private Unternehmer ergriffen unter Duldung der Sowjetischen Militäradministration (SMAD) die Initiative, um die Bevölkerung zu versorgen. Aber die Bedingungen für Selbstständige wurden angesichts der SED-Pläne zum Aufbau des Sozialismus zunehmend schwieriger. Die meisten Industrieunternehmen wurden in Volkseigene Betriebe (VEB) und zahlreiche Handwerksbetriebe in Produktionsgenossenschaften des Handwerks (PGH) umgewandelt. Die HO (Handelsorganisation) und die Konsumgenossenschaft dominierten den Einzelhandel immer mehr. Um private Unternehmer enteignen zu können, wurde ihnen oft kriminelles Handeln unterstellt. Ein Beispiel ist die Vierrademühle: Georg Moncke hatte die Getreidemühle nach dem Krieg wieder ins Laufen gebracht. Doch dem privaten Unternehmer wurden Anfang der 1950er-Jahre immer mehr Schwierigkeiten bereitet. 1953 floh er in die Bundesrepublik. Die Vierrademühle wurde ein VEB.

Exemplarisch für die damalige Wirtschaftspolitik steht auch die Geschichte von Meltz Eisen- und Stahlhandel mit mehreren Standorten. Inhaber Alfred Grethlein wurde 1945 im NKWD-Lager Fünfeichen interniert, wo er 1947 starb. Die Stadt setzte 1946 einen Treuhandgeschäftsführer ein. Im September 1948, so der Historiker Horst Beyermann, erfolgte die Enteignung und Umbenennung in VE (Volkseigener) Werkzeug- und Eisenhandel.

Es gab aber auch etliche Handwerksbetriebe und Händler, die teils bis zur Wende in privater Hand blieben, so das Modehaus Rühs, Kaufmann Usedom in der Katharinenstraße, das Warenmagazin des legendären Erich Ziech oder die Glaserei Koch, neu gegründet im Jahr 1946.

Der VEB Maschinenbau war aus dem privaten Unternehmen Maschinenfabrik Lythall entstanden. Wie Lythall spezialisierte sich der VEB auf die Reparatur landwirtschaftlicher Maschinen wie Traktoren, Getreidebinder und Pflüge. Dadurch war der Betrieb sehr wichtig für die Einzelbauern in der Region Neubrandenburg und die ersten Genossenschaften. Zum Betrieb gehörte eine kleine Gießerei. Erneut ist Hansjoachim Popplow dicht dran an den Menschen. Er hat die sehr primitiven Arbeitsbedingungen in seinen Schwarz-Weiß-Fotos wirkungsvoll eingefangen.
Wie fast alle Betriebe in Neubrandenburg suchte auch der VEB Maschinenbau händeringend Nachwuchs.

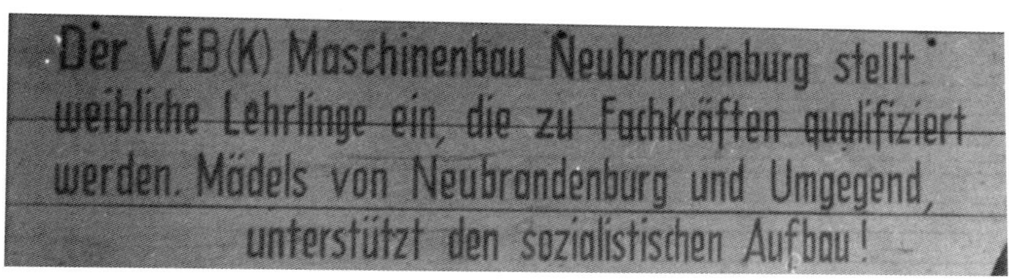

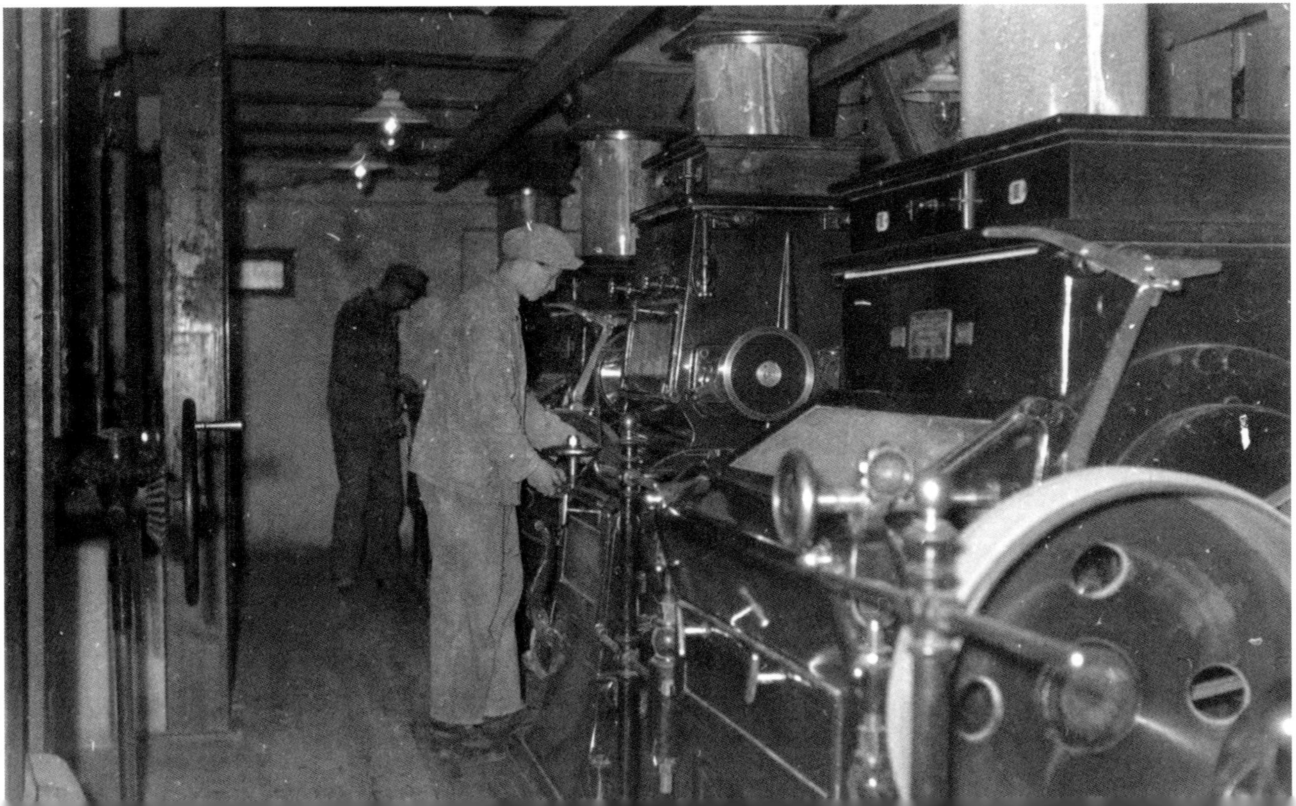

In der Vierrademühle wurden nach dem Zweiten Weltkrieg täglich 170 Doppelzentner Mehl produziert, insbesondere für die Rote Armee. Nach der Freigabe durch die Rote Armee wurde die Mühle zunächst durch den Besitzer Georg Moncke weitergeführt. Neben Weizen-, Roggen- und Hafermehl stellte man auch Weizengrieß, Gerstengraupen und Gerstengraupengrütze her. Nach der Enteignung 1953 wurde aus der Vierrademühle der VEB Mühlenwerke Neubrandenburg (Werk I). Zugleich war die Mühle Leitbetrieb des Mühlenkombinates für den Bezirk. 1965 bis 1968 wurde der Mühlenbetrieb auf Elektroenergie umgestellt.

Ein Arbeiter füllt im Plasmonwerk Kasein ein, schreibt Popplow zu diesem Foto. Der Betrieb befand sich in der Fritz-Reuter-Straße. Aus Magerquark und Molke wurde das Eiweißpräparat Plasmon hergestellt. Kasein ist ein Protein-Bestandteil der Milch. Im 19. Jahrhundert war die Plasmon-Produktion in Neubrandenburg gestartet worden. „An den säuerlichen Geruch in der Straße, der durch die Plasmonproduktion entstand, erinnere ich mich noch", schreibt eine Neubrandenburgerin. Ende der 1980er-Jahre wurde der Betrieb wegen Unrentabilität geschlossen.

Auch die Produktion von Spirituosen hatte Tradition in Neubrandenburg. Das Bild zeigt eine „Jugendbrigade des VEB Vorwärts an der Etikettiermaschine“, so Popplow. Das Unternehmen wurde 1948 zunächst als Gülden Tor GmbH gegründet, ehe es ein Jahr später in den „VEB Vorwärts Spirituosenfabrik Neubrandenburg“ umgewandelt wurde. In den Hochzeiten wurden im VEB „Vorwärts“ mehr als 30 Sorten Schnaps gebrannt und 60.000 bis 70.000 Flaschen täglich abgefüllt.

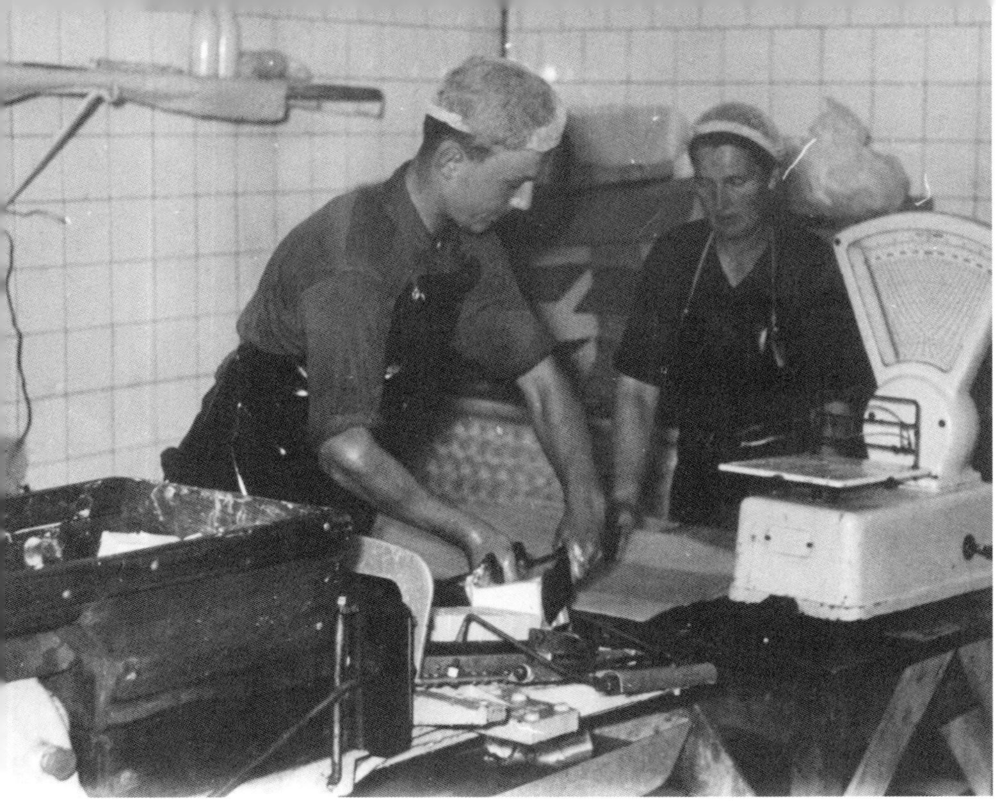

Die Region Neubrandenburg war zu DDR-Zeiten von der Landwirtschaft geprägt. Hansjoachim Popplow hat oft auch Bauern bei der Arbeit fotografiert: hier den „Meisterbauern Ruthenberg in Broda beim Dungfahren" während der Frühjahrsbestellung 1953 oder die „sowjetische Kartoffelpflanzmaschine" auf einem Feld der LPG Groß Nemerow und die Frauen bei der Getreideernte mit Sense auf einem Hang am Tollensesee. Angesichts der Landwirtschaftsbetriebe auch auf städtischem Grund und Boden gab es viele Betriebe der Nahrungsmittelproduktion wie beispielsweise die Molkerei Neubrandenburg. Hier wird Butter per Hand abgewogen.

Impressionen aus dem Holzverarbeitungswerk Neubrandenburg, das sich in der Johannesstraße befand. Die Lehrlinge wurden beispielsweise an der Ausdübelmaschine und der Drechselbank ausgebildet. Das Holzverarbeitungswerk erfüllte insbesondere wegen des Wiederaufbaus der Stadt eine wichtige Rolle. Hier wurden zum Beispiel Fensterrahmen hergestellt.

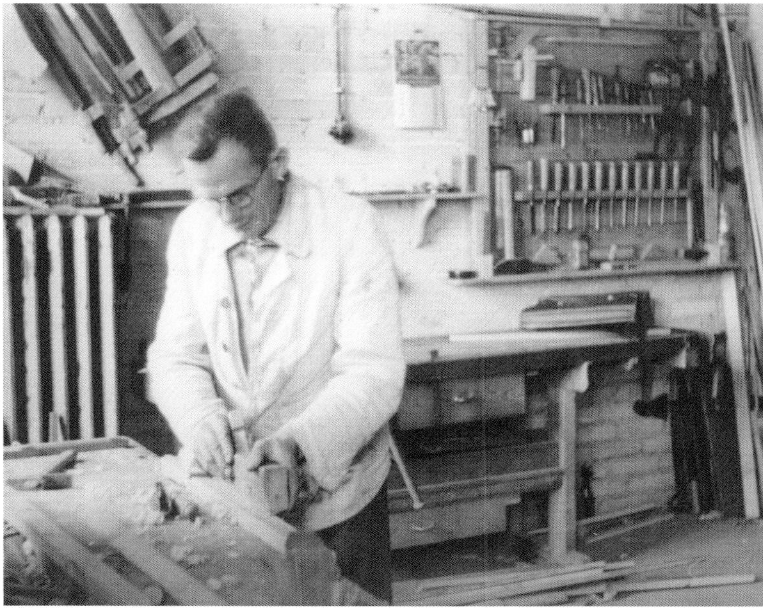

Für den Wiederaufbau wurden Handwerker wie Maurer, Zimmerleute und Ofensetzer gebraucht. Die Ofensetzer-Lehrlinge wurden im Kreisbauhof ausgebildet. Hansjoachim Popplow hat sie bei der Zwischenprüfung beobachtet, beim Setzen eines Ofens sowie beim Zurechtschlagen der Kacheln.

Das Kalksandsteinwerk produzierte südöstlich des Blumenborns in der Südstadt. Auch hier wurde den Frauen und Männern schwere Handarbeit abverlangt, etwa bei der Beschickung des Brennofens oder beim Verladen der Steine.

Bei den Fischern vom Tollensesee hat Hansjoachim Popplow immer wieder mit seiner Kamera vorbeigeschaut. Er fing sowohl die Mühsal als auch die Romantik der Arbeit ein. Bis 1948 lag die Fischerei noch in privater Hand, zuletzt ausgeübt durch Ernst Peters und nach dem Krieg durch dessen jüngeren Bruder Hans-Joachim Peters. 1948 wurde der Pachtvertrag mit Familie Peters für den Tollensesee und die Lieps durch den Rat der Stadt nicht mehr verlängert. Die Fischer gründeten zunächst die Fischwirtschafts GmbH Neubrandenburg, 1954 die Produktionsgenossenschaft werktätiger Fischer (PwF) unter der Leitung von Wilhelm Bartel. Später übernahmen die Neubrandenburger Fischer die Bewirtschaftung weiterer Seen unter anderem bei Möllenbeck, Wanzka, Cammin, Gramelow, Strasburg und Woldegk. Vor allem in den ersten Jahren nach 1948 war die Fischerei ein schweres Geschäft mit wenig Lohn.

„Maränen, Maränen! Überall Maränen!"

Im Februar 1955 erhielt die Genossenschaft der Tollensefischerei aufgrund eines Gutachtens des Ostberliner Instituts für Binnenfischerei den Rat, den Tollensesee mit „Kleinen Maränen" zu bewirtschaften. Zu diesem Zweck sollten fünf Millionen nur wenige Millimeter große Brütlinge eingesetzt werden, erinnert sich Gerd Skibbe, der viele Jahre stellvertretender Vorsitzender der PwF war. Zunächst waren die Fangerfolge bei den Maränen eher bescheiden. Bis zu einem trüben Novembertag 1962, den Skibbe in seinem Buch „Fischerleben im Wandel der Zeit" beschreibt.

Fritz Reiniger stieß die rechte Hand vor. „Maränen!", rief er. Auch er erregt. Jetzt erschienen vier, fünf Silberfunken auf einmal, mehrten sich.
Alle sahen nun das sich unglaublich schnell entfaltende Bild. Immer mehr Fische sprangen aus dem Seespiegel heraus. „Maränen, Maränen! Überall Maränen!"
Nur der Kutterfahrer Kurt Reiniger ahnte nichts. Er saß in der Kabine und hatte lediglich den stumpfen Turm der Marienkirche im Blick. Purer Übermut trieb diese auf Hochzeit gestimmten Winterlaicher. Nur für zehntel Sekunden ließen sich die Einzelexemplare blicken. Mit großer Geschwindigkeit sausten sie knapp über den schnell durchschnittenen Wasserspiegel hin. Geräuschlos für uns, noch, solange der Kuttermotor lief. Von meinem Arbeitskahn aus schlug ich mit ziemlicher Wucht und mit der flachen Seite meines Ruders auf das Dach der Fahrerkabine, unseres neuen Kutters. Jäh aus seinen Träumen gerissen wandte sich Kutterfahrer Kurt Reiniger um. Wütend stieß er das kleine, hintere Fenster auf. Seine Stirn furchte den Ausdruck unbeherrschter Wut. Sein Grobschmiedsgesicht schien Hass zu sprühen. Er fauchte mich an und ich fauchte zurück: „Bist du blind?" Ringsherum spritzten die Silberlinge inzwischen zu Tausenden immer mutiger, immer höher hinaus, immer weiter. Fritz Reiniger, Kurts Bruder, gab als Brigadier Weisung, er möge sofort wenden. Seinem älteren Bruder laut zu widersprechen, hätte Kurt nie gewagt. Doch offensichtlich immer noch in Zorn zog Kurt sich zurück. Ich vermutete richtig, dass er da im Motorenraum maßlos vor sich hingeflucht hat und dennoch gehorchte. Er muss das Steuerrad aus Ärger gefühllos herumgerissen haben, denn sofort schleuderten die Kähne bedrohlich scharf nach außen …

Noch lag die Seefläche spiegelblank vor uns, als sich plötzlich, ohne Windeinwirkung, eine erhebliche Woge auf uns zubewegte. Ozeanische Massen Maränen! Niemand konnte sie aufhalten. Jedes Stellnetz, das wir als Sperre hätten einsetzen können, wäre von ihnen binnen Sekunden zu Boden gerissen worden. Unter dem Verlust einiger hundert Leiber hätte sich die Masse freie Bahn gebrochen. Das müssen Hunderte Zentner gewesen sein.

Sie erschwammen sich ihre Freiheit durch Gleichzeitigkeit ihrer Flucht. Wir sahen im niedrigen Wasser unter uns die zahllosen Fische, die Leib an Leib gedrückt schnell dahinschossen. Entzückt und zugleich von Ärger betroffen sahen wir staunend diese unglaublich großen, blau schimmernden Scharen.

Oft stand mir später dieses Bild vor Augen und irgendwann kam mir der Gedanke: Keine totalitäre Regierung der Welt könnte ihre Grenzzäune halten, wären fluchtwillige Menschen fähig ihre Verstandeskräfte zeitgleich einzusetzen. Endlich, bei allmählich schwindendem Tageslicht, konnten wir den Kreis schließen. Von dem Augenblick an, wenn die eng beieinander liegenden Fangboote das Zeug einholen, mindern sich für die restlichen, im Umfassungsraum herumschwimmenden Fische die Möglichkeiten zu entkommen erheblich. Die beiden Netzwände kamen nun wie ein silbern genoppter Teppich heran. Nach und nach, während des Zuladens des fischgespickten Garns, brachte die Last die beiden Kähne fast zum Sinken. Wie Hirschgeweihe stießen die Vordersteven unserer Boote in die Höhe, während die Heckteile nahezu mit der glücklicherweise nun völlig ruhigen Wasseroberfläche abschnitten. Wir durften uns kaum noch bewegen, sonst gingen wir unter. Massenweise versuchten die verbleibenden Maränen, im Wadensack Platz und Durchkommen zu finden. Da schwammen sie zwar noch, waren aber, wie die in den Maschen steckenden, endgültig gefangen. Anders wären wir der Fischmassen nicht Herr geworden.

Einhundertundsechsundsiebzig Zentner Maränen konnten wir in dieser Nacht aus den Weiten des Wadensackes herauskeschern. „Fast neun Tonnen!" jubelte ich, – ich glaube laut. Glücklicherweise sanken die Temperaturen in den Minusbereich. Wir fühlten uns mehr als beschenkt. Biederstaedt schlug lachend, wuchtig und kreuzweise die steifen Hände und Arme über der Brust zusammen.

„Dat sünd de ollen Tieden!", („Wie in guten alten Tagen!") frohlockte er.

Jetzt hatten wir den Edelfischplan erfüllt und genossen die uns vom Staat zugesagte Steuerbefreiung für die Fangprämie.

Farbfoto mit Seltenheitswert: Die Neubrandenburger Fischer mit Holzschlitten und Netzen beim Einbringen des Fanges auf dem zugefrorenen Tollensesee.

Fischer der Genossenschaft beim wohlverdienten Feierabend. Mit dabei war auch Hermann Möller (3. von rechts), der Netzmacher der Genossenschaft.

„Menschenansammlung vor dem Warenmagazin Ziech“. Erich Ziech hatte von der sowjetischen Besatzungsmacht Ende der 1940er-Jahre den Auftrag erhalten, das Magazin in der Katharinenstraße 2 zu übernehmen. Ziech handelte anfangs mit Weinbränden und Wodka. Später kamen Waren des landwirtschaftlichen Bedarfs, Eisen-, Haushalts-, Spiel- und Schmuckwaren sowie Kosmetik hinzu. Ende der 1960er-Jahre musste das Geschäft wegen der Neubebauung der Katharinenstraße aufgeben werden. 1969 wurde der neue Laden am Friedrich-Engels-Ring 2 eröffnet. Bis zur Einstellung des Geschäftsbetriebs Ende der 1970er-Jahre blieb das Familienunternehmen privat.

Das schon in den 1950er-Jahren eröffnete „Früh- und Spät"-Geschäft der HO (Handelsorganisation) an der Ecke Ernst-Thälmann-Straße, Straße der DSF (heute Stargarder-, Friedländer Straße) war insbesondere wegen der erweiterten Öffnungszeiten beliebt.

Diese nicht näher beschriebene „Verkaufsstelle“ zeigt, dass das Angebot seinerzeit eher bescheiden ausfiel. 1954 fand eine „Industrie- und Handwerksausstellung des Bezirkes Neubrandenburg“ statt. In Popplows Fundus finden sich dazu etwa 100 Fotos mit den Präsentationen der verschiedenen Firmen. Vertreten waren insbesondere Volkseigene Betriebe (VEB) aber auch private Handwerksbetriebe. Bemerkenswert auf dem Stand des VEB Fleisch- und Wurstwarenfabrik ist das Bild Stalins, der ein Jahr zuvor gestorben war, sowie die Losung zum 1953 von Walter Ulbricht ausgerufenen „neuen Kurs“ der SED in der Wirtschaft.

VEB (K) BROTFABRI
ANKLAM

VEB Fleisch u. Wurstwarenfabrik
Pasewalk
Kraft zur
Verwirklichung
des neuen Kurses
im Jahr
grossen Initiative!

Alle Kraft zur
Verwirklichung
des neuen Kurses
im Jahr
der grossen Initiative!

Sido-Werk-Torgelow
O.H.G.-W.u.A.Greinert
Wir stellen her:
Abtl. 1
Terpentinoel
Kolophonium.
Abtl. 2
Fußbodenpflegemittel
Bohnermasse „Sidoglanz"
Schuhkreme „Sido"
Abtl. 3
Unser neues Produkt:
– Kohlenanzünder –
Hierfür verwerten wir Abfallmaterial und schaffen damit Güter für den Massenbedarf.
Sido-Werk
W. & A. GREINERT OHG
TORGELOW

Kinderkrippen und Kindergärten waren in der DDR anders als in den heutigen Kitas voneinander getrennt. Die erste Kinderkrippe in Neubrandenburg wurde am 15. Oktober 1952 in der alten Villa Gartenstraße 1 eröffnet. Sie erhielt den Namen „Jenny Marx". Kurz vor der Einweihung soll auf der Namenstafel noch „Jonny", statt „Jenny" gestanden haben, was die Leiterin der Einrichtung aber noch kurz vor der feierlichen Eröffnung entdeckte.

Kapitel 7

Die Stadt kam mit dem Bau von Schulen und Kindergärten nicht hinterher

1952 wurde Neubrandenburg Bezirksstadt. Die Einwohnerzahlen stiegen deutlich. Es brauchte dringend mehr Einrichtungen für die Kinder.

In den 1950er- und 1960er-Jahren platzten fast alle Neubrandenburger Schulen aus den Nähten, wie ein Bericht an die Ratsversammlung von 1959 zeigt. Die Fritz-Reuter-Schule in der Innenstadt hatte theoretisch eine Kapazität von 364 Schülern, unterrichtet wurden 569 Kinder. Die Pestalozzi-Schule hätte 273 Kinder aufnehmen können, unterrichtet wurden mehr als doppelt so viele. An der „Mittelschule" (1. POS), die 1955 in der Demminer Straße als erster Schulneubau in Neubrandenburg eröffnet wurde, mussten die knapp 1000 Kinder im Zwei-Schicht-Betrieb unterrichtet werden, was auch an anderen Schulen notwendig war.

1960 stand das Thema Schulen erneut auf der Tagesordnung der Stadtverordnetenversammlung. Stadtvertreter hatten sich in den Schulen umgeschaut und zogen ein teils kritisches Resümee: Zu wenig Klassenräume, fehlendes Mobiliar und desolate Schulküchen beispielsweise in der Pestalozzi-Schule, wo seit Monaten ein defekter Gasherd stand. 1959 fehlten Räume für 30 Klassen in den Schulen. Da die Schülerzahlen mit dem Zuzug junger Familien weiter stiegen, wurden dringend neue Schulen gebraucht. Die Schule in der Johannesstraße sollte 1959 übergeben werden, doch der Bau verzögerte sich um zwei Jahre.

Auch die drei Kindergärten waren regelmäßig überbelegt. So wurde der Kindergarten Kranichstraße 1959 von 110 Kindern besucht, obwohl es nur 70 Plätze gab. Ähnlich sah es in der Darrenstraße (Kapazität 77, real 120) und am Platz der Solidarität (Kapazität 74, real 85) aus. In der Regel gab es deutlich mehr Anmeldungen als Plätze. Die Betreuung der Kleinkinder in Kinderkrippen und -gärten war in der DDR wichtig, weil die Mütter als Arbeitskräfte gebraucht wurden.

Den Bau des neuen Kindergartens am Platz der Solidarität (früher und heute Paradieswiese) hat Hansjoachim Popplow von der Grundsteinlegung mit Schulrat Engel am Rednerpult sowie dem „Kollegen Tesch mit Urkundenhülse“ bis zur Einweihung und darüber hinaus begleitet. 1953 begann der Bau in der Ihlenfelder Vorstadt. Ein Jahr später wurde die Einweihung gefeiert. Zuvor hatte eine Baracke als Domizil der Einrichtung gedient. Der Neubau wurde von Lehrlingen des VEB Bauunion errichtet. Wolfgang Rangott, einer der damaligen Auszubildenden, die in einem Wohnheim in der Sponholzer Straße wohnten, erinnerte sich Jahre später: „Nach dem Frühstück gab es im Karree den Morgenappell mit Tageslosung und FDJ-Fahne. Danach klapperten wir mit einem munteren 'Bau auf, bau auf' hinter der Fahne bis zum Anfang der Johannesstraße her. Hier war 'Jimmy Fell', der Heimleiter, außer Sicht und der Marschblock löste sich in Richtung Baustellen auf. Ich erinnere mich an ein Vorkommnis, als wir an einem Morgen die Paradieswiese erreichten. Die Baugrube war abgesoffen und unsere Maurertubben schwammen im Wasser. Grund war wohl ein Stromausfall, der die Pumpen stilllegte, Wasser von oben und ein Rohrbruch.“

Zum Richtfest ihres neuen Kindergartens waren natürlich auch die künftigen Nutzer der Einrichtung gekommen.

Kinder beim Spielen in ihrem neuen Kindergarten am Platz der Solidarität. Die Einrichtung hatte eine Kapazität von 74 Kindern, war aber meist überbelegt.

Ende der 1950er-Jahre gab es in Neubrandenburg drei Kindergärten. Neben dem neuen am Platz der Solidarität waren das die Einrichtungen in der Darrenstraße sowie in der Kranichstraße. Hansjoachim Popplow hat die Mädchen und Jungen in der Darrenstraße während ihres Kindergartenalltags fotografiert: beim Waschen, Fingernägelputzen und Sporttreiben.

Radios, Öfen oder Bücher – Schulen und Kindergärten als Bittsteller im Rathaus

Ratsprotokolle aus den 1950-Jahren zeigen, dass die Kindereinrichtungen und Schulen selbst für kleinste Investitionen die Genehmigung des Rates der Stadt einholen mussten.

6. November 1951 „Schülerprämie: Auf Antrag des Schulleiters der Pestalozzi-Schule II gewährt der Rat der Stadt dem Schüler Kurt Schunke eine Prämie in Form eines Anzuges."

18. Dezember 1952 „Anschaffung eines Radiogerätes für die Grundschule V: Die Grundschule V benötigt für den neu errichteten Pionierraum ein Radiogerät. Da Haushaltsmittel nicht mehr vorhanden sind, beschließt der Rat, den Betrag von 385,- DM aus … Mehreinnahmen zu bezahlen."

„Ankauf von Prämienbüchern: Die landwirtschaftliche Berufsschule benötigt für den Ankauf von 13 Prämienbüchern für die besten Schüler einen Betrag von 42,- DM. Da planmäßige Mittel nicht mehr vorhanden sind, beschließt der Rat, diesen Betrag aus … Mehreinnahmen zu bezahlen."

1. September 1953 „Bei der Schulbegehung wurde festgestellt, daß in dem Kindergarten Kranichstraße ein Gasherd unbedingt erforderlich ist. Da planmäßige Mittel für die Beschaffung eines Herdes nicht vorhanden sind, beschließt der Rat, den Betrag aus Mehreinnahmen bereitzustellen."

„Anschaffung eines Ofens für den Kindergarten Darrenstraße: Für die Aufrechterhaltung des Kindergartens im Winter ist unbedingt ein Ofen erforderlich. Da im Haushaltsplan nur Mittel für eine Reparatur vorgesehen sind, beschließt der Rat, die fehlende Summe von 500,- DM aus Mehreinnahmen zur Verfügung zu stellen."

17. November 1953 „Ankauf von Musikinstrumenten für die Kindergärten: Zur Verbesserung der pädagogischen Arbeit auf dem Gebiete der Musikerziehung in den Kindergärten empfiehlt uns der Rat des Kreises – Abteilung Volksbildung – die Kindergärten mit entsprechenden Musikinstrumenten auszustatten. Der Rat beschließt, die erforderlichen Musikinstrumente zu kaufen und den Betrag von 435,- DM aus Einsparungen bzw. Mehreinnahmen zu bezahlen."

Natürlich wurde in den Neubrandenburger Kinderkrippen-, -gärten und Schulen auch der Kindertag gefeiert, wie hier 1951.

Als erster Schulneubau wurde am 1. September 1955 die „Mittelschule", später Polytechnische Oberschule 1 (POS), eröffnet. Die Bauzeit betrug nur ein Jahr. Hansjoachim Popplow begleitete die Bauphase (Seite 160 bis 163) intensiv, wohl auch, weil er ab 1955 an der Schule als Lehrer arbeitete.

In den Protokollen des Rates der Stadt findet sich am 1. September 1953 folgende Notiz:

„Festlegung des Baugeländes für eine 16-klassige Schule

In der Aufbaukomiteesitzung am 12.6.53 wurde für die im Jahre 1954 zu bauende 10-klassige Schule ein Baugelände am Ende der Kranichstraße vorgesehen. Nach Rücksprache mit dem Schulrat Engel empfiehlt der Rat als Baugelände das westlich der Demminerstraße gelegene Grundstück.

Aus verkehrstechnischen Gründen wird vorgeschlagen, daß der Haupteingang für die Schüler nicht von der Straßenseite sondern von der Hofseite nach der Kranichstraße vorgesehen und das Gebäude nicht an den Straßenrand, sondern an die Rückseite des vorgesehenen Schulhofes gebaut wird."

Trotz aller Probleme, die es auch in Neubrandenburg mit fehlenden Arbeitskräften und Materialmangel immer wieder gab, war der Rohbau der Schule bereits im Herbst 1954 fertiggestellt. Am 1. September 1955 wurde die „Mittelschule", wie sie in den Dokumenten der Stadtverwaltung seinerzeit bezeichnet wurde, zum Beginn des neuen Schuljahres übergeben, natürlich verbunden mit einem Fahnenappell.

In einer vom Rat des Bezirkes Ende der -Jahre herausgegebenen Broschüre zum Aufbau Neubrandenburgs heißt es in euphorischem Duktus: „In die neu errichtete Grundschule Demminer Straße zogen 1955 die Schüler ein, die in unserem Arbeiter-und-Bauern-Staat alle Möglichkeiten der Bildung und Entwicklung erhalten. Die 16-klassige Schule ist mit modernsten Einrichtungen versehen, besitzt Spezialunterrichtsräume, eine eigene Turnhalle und besondere Aula."

Die Schule wurde am 1. September 1955 nach etwas mehr als einem Jahr Bauzeit mit einem Fahnenappell eröffnet. Knapp 1000 Schüler wurden in den ersten Jahren in Schichten mit Vormittags- und Nachmittagsstunden unterrichtet.

Später wurde die Mittelschule die 1. Polytechnische Oberschule „Frédéric Joliot Curie". 1984 wurde die POS zur 2. Erweiterten Oberschule (EOS) umgewandelt. Heute beherbergt das Gebäude das Albert-Einstein-Gymnasium (AEG).

Es dauerte
sechs Jahre,
bis der zweite
Schulneubau in
Neubrandenburg
eingeweiht
werden konnte.
Am 1. September
1961 wurde die
3. POS in der
Johannesstraße
übergeben.
Sie erhielt den
Namen „Artur
Becker" (1905–
1938), der
in der DDR als
Spanienkämpfer
verehrt wurde.

Lehrer Rudolf Müntzel beim Unterricht an der Pestalozzi-Schule in der Ziegelbergstraße. Müntzel war einer der wenigen Lehrer, die nach 1945 wieder in den Schuldienst übernommen wurden. Er hat den Schulbetrieb in Neubrandenburg nach dem Krieg wieder mit angekurbelt. Sein Grabstein auf dem Neuen Friedhof steht unter Denkmalschutz.

Natürlich wurde
auch gefeiert
an den Schulen
Neubrandenburgs,
wie die Bilder vom
„Pionierfasching“
an der Pestalozzi-
Schule 2 zeigen.
Die 2 steht hier
für die zweite
Unterrichts-
schicht.

Auszeichnung von Abiturienten der Erweiterten Oberschule (EOS) in der Lessing-Straße in den 1950er-Jahren. Das frühere Lyzeum wurde am 4. Oktober 1945 als Gymnasium und Oberschule wiedereröffnet. Seit November 1948 trug die EOS den Namen „Friedrich Engels". Heute hat das Lessing-Gymnasium in dem Gebäude sein Domizil.

Am 9. Mai 1961 führte erstmals die Internationale Friedensfahrt durch Neubrandenburg. Die Spitzengruppe des Feldes ist auf der Treptower Straße zu sehen, die wohl auch wegen des „Tages der Befreiung“ am 8. Mai reichlich geschmückt worden war. Die von Stettin (Szczecin) nach Rostock führende, 206 Kilometer lange Etappe gewann der Rumäne Ion Cosma. Am 14. Mai 1974 war Neubrandenburg das erste Mal Ziel einer Friedensfahrtetappe.

Kapitel 8

Kultur und Sport belebten schon in den frühen 1950er-Jahren den Alltag

Auch wenn das Geld knapp war, sorgten Musiker, Sänger und Schauspieler vor allem aber auch Schüler für kulturelle Abwechslung.

Die Stadträte hatten in den ersten Jahren nicht viel Geld zu verteilen, auch nicht für die Kultur. „Im Zuge der Förderung der Musikpflege" wurde dem Orchester in der Ratssitzung am 30. Oktober 1951 aber der Kauf eines Fagotts für 100 D-Mark gestattet. Dagegen wurde in der gleichen Sitzung die Beschaffung einer zehnbändigen Goethe-Ausgabe für die Volksbücherei abgelehnt, weil „die Bücherei ausreichend mit Goethebänden versehen ist". In den Ratsprotokollen der 1950er-Jahre finden sich viele Beispiele von Kleinstausgaben für die Kultur. Aber aus wenig wurde viel gemacht, wie die Bilder von Hansjoachim Popplow zeigen, der auch die Vielfalt des Kulturlebens einfing. Schon 1945 spielte die Niederdeutsche Bühne wieder. Ein Jahr später gab es die erste Nachkriegspremiere mit „Wenn de Hohn kreiht". 1948 feierte die Stadt in den Trümmern ihre 700-Jahrfeier mit einer Festwoche.

Bereits 1951 wurde das Kreiskulturorchester gegründet, der Vorläufer der Neubrandenburger Philharmonie. Im gleichen Jahr eröffnete in der Katharinenstraße die Volksbuchhandlung „Fritz Reuter". 1953 feiert die „Freie Erde" das erste Pressefest mit ihren Lesern. 1954 eröffnete die „Hinterste Mühle" als „Station Junger Naturforscher", eine Einrichtung, die es in abgewandelter Form bis heute gibt. Ab 1955 bildete die Volks-Musikschule in der Lessing-Straße Mädchen und Jungen aus. Viel mehr als die „hauptamtlichen" Kulturmacher beeindrucken aus heutiger Sicht die vielen ehrenamtlichen kulturellen Aktivitäten insbesondere von Schülern, die regelmäßig auch bei Demonstrationen und Kundgebungen zu sehen waren. In diesen frühen Jahren wurde auch Neubrandenburgs Ruf als Sportstadt begründet, wovon die Investitionen in das Harder-Stadion zeugen.

Zum 80. Todestag Fritz Reuters richtete die Stadt am 12. Juli 1954 Reuter-Gedenktage aus. Am Vorabend gab es einen Festakt sowie einen Umzug in historischen Volkstrachten durch die Stadt.

HO
Fritz Reuter
Kämpfer für Einheit und Demokratie

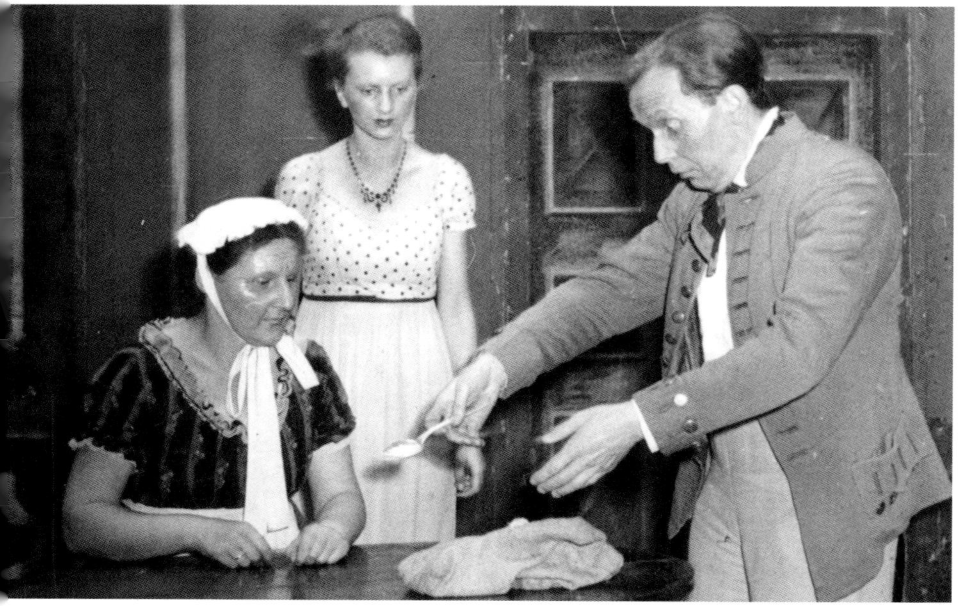

Das Gedenken an Fritz Reuter wurde auch durch die Niederdeutsche Bühne Neubrandenburg bewahrt, die 1954 das Stück „Ut de Franzosentid“, angelehnt an den gleichnamigen Roman des Autors, als Premiere aufführte. Die Niederdeutsche Bühne wurde 1932 gegründet und begann kurz nach dem Kriegsende 1945 wieder zu proben. 1952 übernahm der Tischler Paul Pasewald die Leitung. Ein Jahr später wurde das Stück „Feddig Fingern“ einstudiert, welches eine der erfolgreichsten Inszenierungen der Bühne wurde. Es erlebte 68 Aufführungen mit mehr als 11.000 Zuschauern.

1951 strömten die Menschen zu einem Sängerwettstreit des Kreises Neubrandenburg, der auf der Freilichtbühne am Volkshaus am Stargarder Tor stattfand. Mit dabei war unter anderem der Männerchor der Stadt Burg Stargard. Bis zur Enteignung 1947 kannten die Neubrandenburger das Objekt als „Konzerthaus Reinmann“.

Aus dem Städtischen Orchester Neubrandenburg und Mitgliedern der Berufsgenossenschaften Friedland und Woldegk wurde 1951 das Kreiskulturorchester gegründet. Als erster Kapellmeister agierte 1951 bis 1953 Martin Weiland, der hier mit Taktstock zu sehen ist. Am 17. Juli 1951 gab das Orchester im Volkshaus Friedland sein erstes öffentliches Konzert. 1959 wurde das Ensemble zum Staatlichen Sinfonieorchester umbenannt, seit 1981 spielt es als Neubrandenburger Philharmonie.

Zum Neustart des Kreisorchesters gab es gleich viermal ein ausverkauftes Haus

Martin Weiland war der erste Dirigent des Neubrandenburger Kreiskulturorchesters. Er erinnert sich an den schwierigen Beginn des Ensembles im Jahr 1951, das heute als Neubrandenburger Philharmonie spielt.

„Bevor ich Anfang April meine Arbeit beginnen würde, sollte ich dem Kollektiv der Berufsmusiker vorgestellt werden und auf deren Ersuchen so etwas wie ein Probedirigat leisten. Zum vereinbarten Termin fand ich mich in dem Probenraum ein und wurde meinen künftigen Mitarbeitern vorgestellt. Von einer regelrechten „Besetzung" konnte kaum die Rede sein; da waren Geigen, Cello, Baß, Flöte, Klarinetten, Trompeten, ein Schlagzeuger und ein kleiner Mann am Klavier, der dieses nachher sehr temperamentvoll bearbeitete: also so etwas wie ein Salonorchester. Aus den mir zur Auswahl vorgelegten Stücken wählte ich boshafterweise die Ouvertüre zu Lortzings Oper „Undine". Sie schafften sich dann auch mit verbissenem Ehrgeiz und ließen sich von mir willig durch alle Klippen des für sie natürlich viel zu schwierigen Stückes hindurchlotsen. Ohne daß ich ernstlich den Versuch unternommen hatte, auf die künstlerische Gestaltung Einfluß zu nehmen, kamen wir schließlich atemlos, aber nicht ohne Stolz am Ende der Ouvertüre an. (…)

Mitte Juli 1951 war es dann soweit. Ein Vierteljahr nach der allerersten Probe konnten die ersten Konzerte stattfinden. (…) Mit Rücksicht darauf, dass die Orchestermitglieder sich aus Berufsmitgliedern aller Städte des Kreises zusammensetzten, nannten wir uns „Kreisorchester Neubrandenburg", was zwar an dem finanziellen Status nichts änderte, aber doch auch die Verantwortlichkeit der Kreisverwaltung in den Vordergrund rückte. (…) Es wurden Programmzettel gedruckt und in der Bevölkerung der Städte wirksame Werbemaßnahmen betrieben, an denen sich natürlich auch die dort ansässigen Orchestermitglieder beteiligten. Der Erfolg blieb nicht aus: Wir hatten vier ausverkaufte Häuser (wenn ich das so über den Daumen einschätzen darf). … Der Beifall war sehr herzlich und ermutigte mich und meine Mitstreiter, auf dem eingeschlagenen Wege fortzuschreiten."

Auch die Kultur musste sich natürlich in die offizielle SED-Kulturpolitik einordnen, wie die hölzern klingende Losung über dem Präsidium der Bezirkstagung der Bibliothekare in Neubrandenburg zeigt. Rechts über dem Rednerpult ist das Porträt von Otto Grotewohl (1876–1960), SED-Vorsitzender und Ministerpräsident der DDR, zu erkennen.

Im Jahr 1951 gastierte der Zirkus Busch in Neubrandenburg. Mit dem Elefanten spielt ein kleiner Artist während einer öffentlichen Vorführung der Tiere, die offensichtlich auf große Resonanz stieß. In der Regel gastierten die Zirkusse auf einer Freifläche an der Greifstraße, die Ende der 1950er-, Anfang der 1960er-Jahre mit Neubauten bebaut wurde.

Am 3. Oktober 1951 führte die 1. Etappe der DDR-Rundfahrt, die auch als „Friedensfahrt der Nationen" bezeichnet wurde, von Berlin bis Stralsund durch Neubrandenburg. Dabei passierten die Rennfahrer auf dem Weg in die Innenstadt das Stargarder Tor, wo sich Hansjoachim Popplow mit seiner Kamera positioniert hatte. Die Auftaktetappe durch Neubrandenburg war mit 237 Kilometern zugleich der längste Abschnitt der Rundfahrt. In Stralsund gewann Werner Weber von der Sportvereinigung (SV) Motor aus Sachsen. Neben Teams aus der DDR nahmen auch Mannschaften aus Ungarn und der Tschechoslowakei teil.

22
UNGARN

Bereits 1950 begann der Bau eines Sportstadions. Dafür wurde Schutt aus den Trümmern der Innenstadt auf den Pferdemarkt gebracht und zu einem Oval aufgeschüttet.
1951 wurde der aus Neubrandenburg stammende Seepolizist Günter Harder von einem Kriminellen erschossen, nachdem er einem Neubrandenburger Polizisten helfen wollte. Das Stadion trug fortan seinen Namen. Hansjoachim Popplow hat mit seinen Fotos spätere Arbeiten an den Tribünen für die Zuschauer im Harder-Stadion dokumentiert. Im Stadion wurden anfangs unter anderem Fußballspiele und Leichtathletikwettkämpfe ausgetragen. 1959 begann der Umbau zu einer Speedway-Bahn.
Das Stadion diente aber auch als Ort für Kundgebungen. So sammelten sich dort am „Tag der Befreiung" am 8. Mai die Delegationen aus Betrieben, Schulen und Massenorganisationen, um Kränze an den sowjetischen Ehrenmalen der Stadt niederzulegen.

Hansjoachim Popplow fotografierte immer wieder Sportereignisse, regelmäßig beispielsweise Fußballspiele auf dem Sportplatz im Vogelviertel.

Ein Porträt Stalins einsam vor der Ruine des Hotels „Goldene Kugel". In dem zunächst wieder aufgebauten Saal des Hotels wurde 1949 das erste HO-Kaufhaus Neubrandenburgs eröffnet, ehe das Hotel 1957 abgerissen wurde. Stalin „wartete" auf der Tribüne offensichtlich auf die nächste Kundgebung. Immer wieder ist der „Generalissimus", um den in der Sowjetunion und nach 1945 auch in den „Bruderstaaten" ein Personenkult entwickelt wurde, auf Bildern bei verschiedenen Aufmärschen und Demonstrationen zu sehen: Am 1. Mai 1952 (Seite 191), beim Empfang der Weltjugendfahne im Juni 1950 auf dem Balkon des HO-Kaufhauses „Goldene Kugel" (Seite 192) sowie 1953 beim Empfang der „Delegation der werktätigen Bauern aus den Volksdemokratien" (Seite 193), wie Popplow schrieb. Nach dem politischen „Tauwetter" 1956 war die SED bestrebt, den „besten Freund des deutschen Volkes" aus dem historischen Gedächtnis der DDR zu streichen.

Der Abschluß
eines Friedensvertrages mit Deutschland

KONSUM

Bereit zur Arbeit
zur Verteidigung des
der beste Freund des deutschen Volkes
Generalissimus Stalin!

Weg mit den
Trümmern!
Alle Hände für
den Aufbau

Die Betriebe der Stadt präsentierten sich bei den Demonstrationen wie hier am 1. Mai 1951 mit extra geschmückten Fahrzeugen. Hansjoachim Popplow hat unter anderem das Auto der VVB (Vereinigung Volkseigener Betriebe) Energiebezirk Nord Neubrandenburg sowie die Pferdefuhrwerke der Handelsorganisation (HO) sowie des Frauenkollektivs der HO Gaststätte Ratskeller fotografiert.

Gegen die Remilitarisierung Westdeutschlands,
für den Abschluss eines Friedensvertrages
1951

HO Gaststätte
RATSKELLER
FRAUENAKTIV
Gegen die Remilitarisierung Westdeutschlands,
für den Abschluss eines Friedensvertrages
im Jahre 1951

Der 1. Mai beinhaltete als „Internationaler Kampftag der Arbeiterklasse“ nicht allein einen politischen Aufmarsch, dem die Menschen mehr oder weniger freiwillig folgten. An dem arbeitsfreien Feiertag präsentierten sich auch Kultur- und Sportgruppen. 1951 waren in Neubrandenburg unter anderem die Reifengymnastik-Gruppe der Pestalozzi-Schule am Friedländer Tor sowie die Volkstanzgruppe der Erweiterten Oberschule (EOS) auf der Bühne im Zentrum mit von der Partie.

Während für die Kultur oft geknapst wurde, machte der Rat der Stadt für den 1. Mai 1959 im Nachhinein mehr als 1300 DM locker, wie dieses Sitzungsprotokoll zeigt.

a)

Räume und Arbeitsmittel — Neubrandenburg,18.6.1959.

Beschlußvorlage

für die Sitzung des Rates der Stadt Neubrandenburg
am 23.6.1959

Gegenstand des Antrages:

Bereitstellung von zusätzlichen Mitteln für Anschaffung von Fahnenstoff, Fahnenstangen usw. anlässl.des 1.Mai.

Begründung:

Zur Ausschmückung unserer Bezirkshauptstadt anlässl.des 1.Mai und der weiteren Staatsfeiertage war es erforderlich, Fahnenstoff, Fahnenstangen zu beschaffen, Ferner war die Anfertigung von Fahnenhaltern zur Anbringung der Fahnen für die Bahnüberführung erforderlich.
An Kosten sind hierfür entstanden:

Versorgungskontor Industrietextilien, Wismar für Fahnenstoff	DM 5o7,46
Tiedt, Neubrandenburg für Fahnen nähen	98,85
Staatl.Forstwirtschaftsbetrieb, Nbg für Fahnenstangen	1668,38
Fr.Marlow, Nbg für Anfertigung der Fahnenhalter	178,25
M.Hacker, Nbg für Fahnenstangen, Aufstellen einer Tribüne zum 1.Mai	327,2o
G. Heintze, Nbg f.Mailosung für Tribüne ----...........	5o,6o
Teschner, Nbg f.Transport 1 Lautsprecheranlage vom Jahn-Stadion zum Rathaus zum 1.Mai	38,2o
Kommunale Wohnungsverwaltung, Nbg Fuhrlohn für Stühle fahren Badehaus und zurück	22,25
	DM 1 389,19

Beschluß:

Der Rat der Stadt Neubrandenbu g beschließt. den Betrag von DM 1 389,- für H.Pl. o3 8o2 425 m/Deckung aus der Haushaltsreserve zur Verfügung zu stellen.

Bürgermeister — Abt.Ltr.Finanzen — Sachgebietsleiter

Neubrandenburg blieb bis zum Ende der DDR immer die Bezirksstadt eines Agrarbezirks. Das zeigte sich auch Ende der 1950er-, Anfang der 1960er-Jahre bei den Aufmärschen zum „Internationalen Kampftag der Arbeiterklasse", indem sich auch die Klasse der Bauern bei den Demonstrationen präsentierte. Die FDJler verweisen auf das Jugendprojekt „Große Friedländer Wiese", mit dem 1958 bis 1962 große Teile der Wiese trockengelegt wurden, um sie landwirtschaftlich nutzen zu können.

Unser Ziel

ist, unseren Kreisbetrieb zu einem rentablen sozialistischen Betrieb zu entwickeln, um somit eine Grundlage zur verbesserten Versorgung der Bevölkerung zu schaffen.

Zu den Maifestlichkeiten

bieten unsere Verkaufsstellen ein umfangreiches Sortiment in

Weinen, Spirituosen und Tabakwaren.

Besonders empfehlen wir:

Weinbrand-Verschnitt	0,35 l	4,65 DM	0,7 l	8,70 DM
Weinbrand-Verschnitt Spezial	0,35 l	6,30 DM	0,7 l	12,— DM
Adlershofer Wodka	0,35 l	5,65 DM	0,7 l	10,75 DM
Bramsch-Getreidekorn	0,35 l	5,10 DM	0,7 l	9,55 DM

Frucht- und Dessertweine
in der Preislage von 2,75 DM bis 4,25 DM

HO-Lebensmittel, Neubrandenburg

Der 1. Mai wurde in der Freien Erde im Vorfeld stets ausführlich propagandistisch vorbereitet. Diese Anzeige in der Neubrandenburger Lokalausgabe von 1955 kann vor dem Hintergrund, dass die Menschen nach dem offiziellen Demonstrationsteil gerne einen über den Durst tranken, heute durchaus für Schmunzeln sorgen.

Ein weiterer wichtiger Feiertag für die DDR war der 8. Mai, der „Tag der Befreiung“. Dass viele Menschen in der DDR, insbesondere Heimatvertriebene aus Ostpreußen, Schlesien und dem Sudetenland, das Kriegsende 1945 nicht unbedingt als Befreiung empfanden, wurde ausgeblendet. 1953 fand die Kundgebung auf dem Platz vor dem Hotel „Goldene Kugel“ statt. Die Kränze wurden am Ehrenmal am sowjetischen Soldatenfriedhof am Schwanenteich niedergelegt. Neben diesem Friedhof gab es weitere Ehrenfriedhöfe für die in Neubrandenburg gefallenen Rotarmisten am Fritz-Reuter-Denkmal sowie auf dem Harry-Platz zwischen Katharinen- und Ziegelbergstraße. 1958 wurden die 229 Toten dieser drei Friedhöfe auf den Neuen Friedhof in der Oststadt umgebettet.

ВЕЧНАЯ СЛАВА
РОДИНЫ
1941

Literatur- und Bildnachweise

Literaturverzeichnis

Horst Beyermann: Neubrandenburg – Handwerk und Gewerbe, einst und heute, Band 1. Friedland: Steffen-Verlag, 2010. 254 Seiten

Horst Beyermann: Neubrandenburg – Handwerk und Gewerbe, einst und heute, Band 2. Friedland: Steffen-Verlag, 2011. 228 Seiten

Joachim Milster: Neubrandenburg, Historie 1945–1990, Band 1. Neubrandenburg: Geros-Verlag, 2000. 119 Seiten

Neubrandenburg. Aufbau der Neuen Bezirksstadt. Herausgeber: Rat des Bezirkes Neubrandenburg. Neustrelitz, Verlag Freie Erde (undatiert), ca. Mitte der 1950er-Jahre

Neubrandenburg. Chronologische Stadtgeschichte u. Firmenporträts. Zusammengestellt von Eleonore Wolf. Nordhorn: BVB-Verlagsgesellschaft, 1997. 200 Seiten

1945. Zwischen Krieg und Frieden. Der Bildband zur Serie. Neubrandenburg. Nordkurier-Buchverlag, 2021. 144 Seiten

Brigitte Raschke: Der Wiederaufbau und die städtebauliche Erweiterung von Neubrandenburg in der Zeit zwischen 1945 und 1989. München: Scaneg-Verlag, 2005. 368 Seiten

Volker Schmidt: Neubrandenburg. Ein historischer Führer. Rostock: Hinstorff, 1997. 111 Seiten

Gerd Skibbe: Fischerleben im Wandel der Zeit. Friedland: Steffen-Verlag, 2019. 404 Seiten

Gabriele Wiesemann: Der Aufbau von Neubrandenburg 1945 bis 1970. Herausgeber Regionalmuseum Neubrandenburg. Neubrandenburg, 1995. 113 Seiten

Zerstörung und Neuaufbau des Stadtkerns Neubrandenburg. Dokumentation einer Ausstellung der Kulturinitiative N 2000. Neubrandenburg, September 1991. 134 Seiten

Fotonachweise

Alle Bilder Hansjoachim Popplow,

außer: S. 4: Archiv Gudrun Göde; S. 6: Frank Wilhelm; S. 7: Archiv Gudrun Göde; S. 75: Repro aus „Neubrandenburg. Aufbau der Neuen Bezirksstadt"; S. 91, 92 (rechts): Archiv Herbert Utikal; S. 92/93: Stadtarchiv Neubrandenburg (HO Warenhaus, Abt. Werbung/Gestaltung, 1965); S. 197: Stadtarchiv Neubrandenburg; S. 199: Repro Freie Erde, 29. April 1955

Der Autor

Frank Wilhelm (geb. 1963 in Seelow) hat Pädagogik, Germanistik und Geschichte studiert und auf dem Gebiet der Literaturwissenschaften promoviert. Sein Thema: „Literarische Satire in der SBZ/DDR 1945–1961“ (veröffentlicht 1998). Er arbeitet seit 1993 als Journalist bei der Tageszeitung Nordkurier.

Frank Wilhelm ist Redakteur sowie Initiator und Autor verschiedener Bücher des Nordkurier-Buchverlags, unter anderem „1945. Zwischen Krieg und Frieden“, Band 1 bis 7 (zusammen mit Birgit Langkabel), Bildband „Neubrandenburg 1945. Zwischen Krieg und Frieden“ (2021), „Einfach total genial … Warum wir Ossis nicht zu bremsen sind“ (2015), „RAF im Osten. Terroristen unter dem Schutz der Stasi“ (2019) sowie das Nordkurier Spezial „Ackern für die DDR. Die Landwirtschaft im Norden“ (2022).

mecklenbook Eine Marke der Nordkurier Mediengruppe

www.mecklenbook.de
www.nordkurier-mediengruppe.de

Impressum

Verlag:	Nordkurier Mediengruppe GmbH & Co. KG vertreten durch die Nordkurier Mediengruppe Verwaltungs GmbH Friedrich-Engels-Ring 29 17033 Neubrandenburg Geschäftsführung: Lutz Schumacher, Holger Timm
Redaktion:	Frank Wilhelm
Fachliche Beratung:	Eleonore Wolf, Manfred Smolinski
Lektorat:	Kerstin Fiedler-Wilhelm
Gestaltung:	Ines Patro, SV Medienproduktion, Ravensburg
Druck:	Optimal Media GmbH | Glienholzweg 7 | 17207 Röbel/Müritz

Herausgegeben November 2022